Angelika Rehm

Herbst
in der 1. und 2. Klasse

Materialien für den Unterricht
Hase und Igel®

© 2005 Hase und Igel Verlag, Garching b. München
www.hase-und-igel.de
Alle Rechte vorbehalten
Illustrationen: Christine Faltermayr
Druck: Himmer AG, Augsburg

ISBN 978-3-86760-806-0
2. Auflage 2007

Vorwort

Der Herbst ist eine besonders farbenfrohe und abwechslungsreiche Jahreszeit: Die Blätter werden bunt und fallen schließlich von den Bäumen, die Früchte sind reif und können geerntet werden und die Tiere bereiten sich auf den Winter vor.

Es gibt vielfältige Möglichkeiten, diese Jahreszeit gemeinsam mit den Kindern bewusst zu erleben: Fröhliche und besinnliche Herbstfeste tragen zur Stärkung der Klassengemeinschaft bei; die bunten Blätter und verschiedene Baumfrüchte regen zum Erkunden von Laubbäumen sowie zum Basteln an; reife Strauchfrüchte, Obst und Gemüse sind für diese Jahreszeit typisch und ermöglichen intensive Sinneserfahrungen.

Dieser Band ist in fünf Kapitel gegliedert, die sich an Lehrplanthemen der ersten und zweiten Jahrgangsstufe orientieren. Zu jedem Thema gibt es im Sinne fächerübergreifenden Lernens zahlreiche Angebote für handlungsorientierte Aktivitäten und ganzheitliches Erleben. Thematische Schwerpunkte des vorliegenden Materials sind:

- **Feste und ihr Brauchtum**

Im ersten Kapitel steht der Herbst als Jahreszeit mit seinen Besonderheiten und Festtagen im Mittelpunkt. Das Brauchtum zu Erntedank, Halloween und dem Martinsfest wird altersgemäß vorgestellt.

- **Laubbäume im Herbst**

Mit den Laubbäumen im Herbst beschäftigt sich das zweite Kapitel. Die Baumfrüchte und die bunten Blätter bieten Kindern ein umfangreiches Lern- und Erfahrungsfeld.

- **Tiere bereiten sich auf den Winter vor**

Das dritte Kapitel stellt verschiedene Überwinterungsstrategien von Tieren vor. Mit dem Igel, dem Eichhörnchen und der Schwalbe lernen die Kinder jeweils ein Beispiel für einen Winterschläfer, Winterruher und Zugvogel genauer kennen.

- **Obst und Beeren**

Im vierten Kapitel werden Strauchfrüchte und heimisches Obst, das im Herbst geerntet werden kann, betrachtet. Mit Hagebutten und Äpfeln können schmackhafte Gerichte gemeinsam hergestellt werden.

- **Gemüse**

Im fünften Kapitel lernen die Kinder schließlich verschiedene Gemüsesorten kennen und untersuchen die Kartoffel genauer.

Machen Sie sich mit Ihren Schülern auf eine erlebnisreiche Entdeckungsreise durch den Herbst!

Angelika Rehm

Inhalt

1. Kapitel: Feste und ihr Brauchtum

	Jgst.	
Lehrerteil		6
Kopiervorlagen		
Das Jahr	1/2	11
Im Herbst	2	12
Der Herbst im Kalender	2	13
Bauernregeln zum Herbst	2	14
Namenstage im Herbst	2	15
Der Herbst – die Zeit der Jagd	2	16
Erntedank	1	17
Der Erntedankkorb	1/2	18
Danke sagen	2	19
Volksfest	1/2	20
Halloween	1/2	21
Die Geschichte vom heiligen Martin	1/2	22
Wir basteln eine Martinslaterne	1/2	25
Wie kannst du helfen?	2	27
Ein bisschen wie Sankt Martin	2	28
Teilen	1	30

2. Kapitel: Laubbäume im Herbst

	Jgst.	
Lehrerteil		31
Kopiervorlagen		
Mein Herbstheft	1/2	39
Fundstücke im Herbst	1/2	45
Baumfrüchte	1/2	46
Welche Früchte stecken in den Schalen?	1/2	47
Der Tastbeutel	1/2	48
Tic-Tac-Toe mit Baumfrüchten	2	49
Früchtekette	2	50
Bäume und ihre Früchte	1/2	51
Die Verbreitung von Baumfrüchten	1/2	52
Wie Ahornsamen fliegen	2	53
Wie Birkensamen fliegen	2	54
Früchte und Blätter	1/2	55
Schöne Blätter	1/2	56
Jedes Blatt ist anders!	2	57
Wir zeichnen Blätter	2	58
Wir pressen Blätter	1/2	59
Blättertiere	1/2	60
Wir basteln ein Blätter-Memory	2	61
Fensterbild „Herbstblatt"	1/2	62
Buntes Herbstlaub	2	63
Positiv-Negativ-Bild	2	64
Ihr Blätter, wollt ihr tanzen?	1/2	65
Im Herbst	2	66
Laubbaum-Terzett	1/2	68
Blätter und Früchte von Laubbäumen	1/2	70
Herbstspaziergang (Würfelspiel)	1/2	72

Inhalt

3. Kapitel: Tiere bereiten sich auf den Winter vor

	Jgst.	
Lehrerteil		... 76
Kopiervorlagen		
Tiere im Winter	2	... 81
Der Igel	1/2	... 82
So lebt der Igel	2	... 83
Der Igel hält Winterschlaf	2	... 85
Der Igel im Winterschlaf – Versuche	2	... 86
Igel	1/2	... 87
Ein Eichhörnchen erzählt	1/2	... 88
So kommt das Eichhörnchen durch den Winter	1/2	... 89
Das Eichhörnchen	2	... 91
Winterruhe oder Winterschlaf?	2	... 92
Spiele im Herbst	2	... 93
Auf Spurensuche	2	... 94
Abflug!	2	... 95
Ab in den Süden	2	... 96
Die Schwalbe	2	... 97
Der Schwalben Wanderlied	2	... 98
Auch im Winter unterwegs	2	... 100

4. Kapitel: Obst und Beeren

	Jgst.	
Lehrerteil		... 101
Kopiervorlagen		
Heckenfrüchte	2	... 105
Vorsicht, giftig!	2	... 106
Lockfrüchte	2	... 107
Von der Blüte zur Frucht	2	... 108
Die Hagebutte	2	... 109
Ein Männlein steht im Walde	1/2	... 110
Obsternte	1/2	... 111
Beerenobst	1/2	... 112
Der Apfel	1/2	... 113
Igitt!	2	... 114
Apfel mit Wurm	2	... 115
Rund um den Apfel	2	... 116
Apfel-Rezepte	2	... 117
Im Apfelhaus	1/2	... 118
Grafische Gedichte	2	... 119

5. Kapitel: Gemüse

	Jgst.	
Lehrerteil		... 120
Kopiervorlagen		
Gemüsesorten	1/2	... 123
Im Gemüsegarten	1/2	... 126
Wir unterscheiden Gemüse	2	... 127
Wir testen Gemüse	1/2	... 128
Der Obst- und Gemüsemaler	2	... 129
Dein Obst- und Gemüsegesicht	2	... 130
Tomatenketchup selbst gemacht	2	... 131
Die Kartoffel	2	... 132
Die Kartoffelpflanze	2	... 134
Kartoffelgerichte	2	... 135
Kartoffelsalat	2	... 136

1. Kapitel: Feste und ihr Brauchtum

Vorbemerkung

Viele herbstliche Feste und Feiertage erklären sich aus einer Zeit, in der die Landwirtschaft das Leben der Bevölkerung bestimmte. In Erntedank- und Kirchweihfesten kamen der Dank und die Freude über die erfolgreiche Ernte zum Ausdruck und der Abschluss des Arbeitsjahres wurde gefeiert. Weitere Feste stimmen eher nachdenklich, da sie die Endlichkeit des Menschen zum Thema haben. Auch das eher fröhliche Halloween erinnert daran. Der Martinstag kann Anlass für eine Feier mit Laternenumzug und Martinsspiel im Rahmen der Klasse, des Jahrgangs oder der ganzen Schule sein.

Lehrplanbezug

Sachunterricht
- Jahreszeiten kennen und bewusst erleben
- Feste und Brauchtum im Jahreskreis mitgestalten
- Gemeinschaft erleben und mitgestalten: helfen und teilen

Religion/Ethik
- Feste und Brauchtum im Jahreskreis: Erntedank, Sankt Martin
- Menschen und Dingen mit Achtung begegen: dankbar sein

Zu den Kopiervorlagen

Das Jahr

Anhand dieser Kopiervorlage gewinnen die Kinder einen Überblick über die Abfolge der vier Jahreszeiten und die jeweils dazugehörenden Monate. Das Arbeitsblatt kann im Laufe des Jahres regelmäßig ergänzt werden. Wenn Sie im Herbst mit der Bearbeitung beginnen, veranschaulicht es schön den Verlauf eines Schuljahres.

Die Schüler tragen die fehlenden Monatsnamen ein und gestalten zu jedem Monat ein passendes Bild. Gegebenenfalls überlegen die Kinder jeweils am Ende eines Monats, was sie für diesen Monat als besonders typisch empfunden haben.

Die Kopiervorlage kann auch vergrößert und im Klassenzimmer aufgehängt werden. Dann können die Monate gemeinsam gestaltet werden.

> **Die Jahreszeiten**
> Am Herbstanfang (22./23. September) und am Frühlingsanfang (20./21. März) sind Tag und Nacht gleich lang. Der Winteranfang (21./22. Dezember) fällt auf den kürzesten Tag des Jahres, der Sommeranfang (21. Juni) ist am längsten Tag des Jahres.

Im Herbst

Die Schüler ergänzen die Sätze mit den passenden Wörtern. Die Begriffe in den Blättern sind für leistungsschwächere Kinder als Hilfe gedacht. Auf der unteren Blatthälfte ergänzen die Kinder Sätze mit weiteren Aktivitäten oder Ereignissen, die für den Herbst typisch sind, und/oder malen ein entsprechendes Bild dazu.

Der Herbst im Kalender

Für die Bearbeitung dieser Kopiervorlage benötigen Sie für die Schüler ausreichend Jahres- bzw. Taschenkalender vom aktuellen Jahr, in denen Feste und Feiertage eingetragen sind. Je nach Anzahl der Kalender kann die Bearbeitung in Einzel-, Partner- oder auch Gruppenarbeit erfolgen.

Nachdem die Kinder mit den Jahreszeiten vertraut gemacht wurden, suchen sie zunächst das Datum des Herbstanfangs (zugleich Sommerende) und des Winteranfangs (zugleich Herbstende) heraus. Auf diese Weise wird der Zeitraum, in dem die anderen Feste liegen, genau bestimmt und die Kinder finden die Daten einfacher heraus. Durch den Vergleich mit den Daten der Feste in einem anderen Jahr (im Herbst gibt es bereits die Kalender für das folgende Jahr von Firmen oft gratis) erkennen die

Kinder den Unterschied zwischen Festtagen, die an ein Datum gebunden sind und Festtagen, die an einen Wochentag gebunden sind. Im Anschluss daran sollten alle Feste kurz besprochen und erklärt werden. Die Namen der Kinder der Klasse, die im Herbst Geburtstag haben, werden gesammelt und mit dem genauen Datum eingetragen.

Bauernregeln zum Herbst

Die Schüler bilden aus jeweils zwei Textstreifen eine Bauernregel und malen sie in der gleichen Farbe aus. Alternativ können sie die Textstreifen auch ausschneiden, richtig zuordnen und aufkleben. Die grau unterlegten Textstreifen sind immer der erste Teil einer Bauernregel. Zu jedem Herbstmonat schreiben die Kinder anschließend eine Bauernregel auf, die ihnen besonders gut gefällt.

Gegebenenfalls kann in einem Unterrichtsgespräch über die Bedeutung, den Sinn und die Verlässlichkeit einzelner Regeln gesprochen werden.

Namenstage im Herbst
Gerade in der Grundschule wird das Brauchtum zu Heiligentagen sehr gepflegt. Zu diesen Tagen gibt es zahlreiche Bauernregeln. Diese Regeln beschreiben jahreszeittypische Erscheinungen (Die Tage werden kürzer./Die Äpfel werden geerntet.) oder Brauchtum (Barbarazweige, Luciafest) oder sagen das Wetter des kommenden Winters vorher.

Die Schüler ergänzen in den Bauernregeln den fehlenden Namen. Hilfreich sind dabei das zur Bauernregel passende Bild im Kalenderblatt sowie Länge und Form der Geheimschrift.

Zu den einzelnen Tagen können die Kinder weitere Regeln in Büchern oder im Internet nachschlagen und sammeln. Gegebenenfalls können sie auch Eltern und Großeltern befragen. Darüber hinaus ist es möglich, dass die Kinder die zu den Heiligen gehörenden Lebensgeschichten bzw. Legenden herausfinden und erzählen.

Ausgehend von dieser Kopiervorlage kann in der Klasse ein fächerübergreifendes Unterrichtsprojekt zum Thema „Mein Vorname" durchgeführt werden: Die Kinder finden Herkunft und Bedeutung ihres Vornamens heraus und, soweit vorhanden, ihren Namenstag. Zu fremdsprachigen Namen werden deutsche Entsprechungen gesucht. Die Kinder können ein Schmuckblatt mit ihrem Bild und ihrem Namen in verschiedenen Schriftarten (Hand-/Computerschriften) gestalten.

Der Bauernkalender
Die Versorgung der Bevölkerung mit Lebensmitteln war früher stark vom Wetter abhängig, da heftige Regenfälle, lang anhaltende Dürrezeiten oder plötzliche Kälteeinbrüche schlimme Folgen für die Ernte haben konnten. Diese Gefahr versuchten die Landwirte durch regelmäßige Wetterbeobachtungen zu verringern, indem sie aus bestimmten wiederkehrenden Phänomenen Regelmäßigkeiten ableiteten, mithilfe derer sie auf die Witterung der folgenden Zeit oder auf die zu erwartende Ernte schlossen. Ihre Erfahrungen fassten sie in sogenannte Bauernregeln, die in ihrer einprägsamen Reimform von Generation zu Generation mündlich weitergegeben wurden.

Es gibt verschiedene Arten von Bauernregeln:
1. Wetterregeln, die eine Vorhersage für die nächsten Stunden und Tage beinhalten.
2. Witterungsregeln, die aufgrund großer Wahrscheinlichkeit eine Vorhersage für die nächsten Wochen oder Monate ermöglichen.
3. Kalendergebundene Regeln, die an bestimmten Tagen (Lostagen) oder Monaten festgemacht werden. Sie beschreiben allgemein den durchschnittlichen Verlauf des Wetters übers Jahr.
4. Ernteregeln, die die Auswirkungen des Wetters an bestimmten Tagen oder in bestimmten Monaten auf die Ernte beschreiben.

Da die ländliche Bevölkerung bis ins 19. Jahrhundert in der Regel nicht lesen und schreiben konnte, waren gedruckte Jahreskalender, die es bereits seit dem 16. Jahrhundert gab, für sie uninteressant. Sie merkten sich deshalb statt des Datums den Namen des oder der entsprechenden Tagesheiligen. So wurden die Bauernregeln auch mit bestimmten Heiligen in Verbindung gebracht.

Kopiervorlagen und Unterrichtsvorschläge zu den Heiligentagen im Advent (Barbara, Nikolaus und Lucia) finden Sie im Band „Weihnachten in der 1. und 2. Klasse" (Hase und Igel Verlag, Garching b. München).

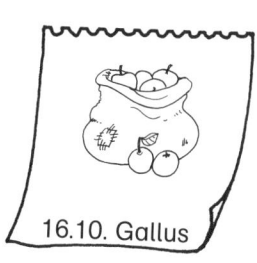

Der Herbst – die Zeit der Jagd
KV Seite 16

Der dritte Satz aus Vivaldis Violinkonzert „Der Herbst" wird auf dieser Kopiervorlage näher untersucht. Zum Einstieg sollten die Kinder das Stück mindestens einmal ohne konkrete Höraufträge anhören und die Musik auf sich wirken lassen. Im Anschluss daran äußern sie spontan ihre ersten Eindrücke und beschreiben die Vorstellungen, die sie mit der Musik verbinden. Sie können auch zur Musik malen oder etwas aufschreiben. Das Unterrichtsgespräch wird auf das Thema „Jagd" gelenkt, zu dem die Kinder ihr Vorwissen einbringen.

Beim nochmaligen Hören bringen die Kinder die Sätze auf der Kopiervorlage mit Zahlen in die richtige Reihenfolge und ordnen anschließend die Bilder zu. Alternativ können leseschwächere Kinder zunächst die unten stehenden Bilder nummerieren und diese dann den Texten zuordnen. Die Reihenfolge der Texte und Bilder wird gemeinsam überprüft. Abschließend wird das Hörbeispiel nochmals angehört.

> **„Die vier Jahreszeiten"**
> Das Werk „Die vier Jahreszeiten" von Antonio Vivaldi (1678–1741) besteht aus vier Violinkonzerten mit jeweils drei Sätzen. Als sogenannte Programmmusik werden in den Konzerten außermusikalische Themen mit musikalischen Mitteln dargestellt.
>
> Das Konzert „Der Herbst" beschreibt im ersten Satz, wie die Landbevölkerung die glücklich eingebrachte Ernte feiert. Im zweiten Satz hört man das Schnarchen der von der Feier Betrunkenen, die gerade ihren Rausch ausschlafen. Der dritte Satz beschreibt eine Jagd.

Erntedank
KV Seite 17

Diese Kopiervorlage kann als meditativer Einstieg in das Thema „Erntedank" dienen. Ausgehend von den kurzen Texten erkennen die Kinder, dass man nicht nur für Gegenstände, sondern auch für Erlebnisse und andere nicht-materielle Dinge danken kann. Während des Mandala-Malens überlegen die Kinder, wofür sie danken können. Im Anschluss daran werden die Schüleräußerungen gesammelt. Es sollten auch eher selbstverständliche Dinge genannt werden, die die Kinder vielleicht gar nicht als etwas Besonderes wahrnehmen, wie z. B. Gesundheit, kein Hunger, kein Streit, fürsorgliche Eltern, Freunde, Ferien, Schnee. Die Ergebnisse werden auf dem Arbeitsblatt „Der Erntedankkorb" (Seite 18) oder „Danke sagen" (Seite 19) eingetragen.

Der Erntedankkorb
KV Seite 18

Die Schüler schneiden die Puzzleteile aus, setzen das Bild zusammen und kleben die Teile auf. In einem Unterrichtsgespräch wird geklärt, dass der Erntedankkorb als Symbol noch aus der Zeit stammt, als die Ernte der Gärten und Felder für das Überleben wichtig war. Kindern ist die Herkunft der Nahrungsmittel heute kaum noch bewusst, da wir sie jederzeit im Supermarkt kaufen können. Als weiterführende Idee können die Kinder über die Bedeutung der Pflanzen für Menschen und Tiere nachdenken.

Die Kinder tragen anschließend in die Schreiblinien einzelne Wörter oder einen Satz ein.

> **Erntedank**
> Da in früherer Zeit das Überleben der Menschen in großem Maß von einer guten Ernte abhing, gibt es in allen Religionen ein Fest, mit dem sie den Abschluss der Ernte feierten und ihrem Gott dankten. Diese Abhängigkeit von der Natur ist heute zwar nicht mehr gegeben, dennoch sollte das Bewusstsein für die Herkunft unserer Nahrungsmittel nicht in Vergessenheit geraten.
>
> Heutzutage kann dieses Fest im weiteren Sinn als Dankfest auf alle Bereiche unseres Lebens ausgeweitet werden: Wir danken für unsere gesicherten Lebensumstände, für den Arbeitsplatz, für schöne Erfahrungen, für unsere Erfolge etc.
>
> Aufgrund dem je nach Klimazone unterschiedlichen Zeitpunkt der Ernte gibt es weltweit keinen einheitlichen Festtermin. Die katholische Kirche in Deutschland feiert das Erntedankfest seit 1972 am ersten Sonntag im Oktober, die evangelische Kirche am Michaelstag (29.9.) oder am Sonntag danach. Weltliche Erntedankbräuche wie Erntefest und Erntetanz sind fast gänzlich verschwunden.

Danke sagen
KV Seite 19

Im Unterrichtsgespräch überlegen die Kinder, in welchen Situationen sie sich bedanken und wofür. Die Beispiele auf der Kopiervorlage geben einige weitere Anregungen. Dann tragen die Kinder in die Körbe ein, wofür sie danken können. Eventuell können die Kinder auch über den Adressaten nachdenken, an den sie ihren Dank jeweils richten (z. B. Eltern, Freunde, jemand, der allmächtig ist, ggf. Gott).

Volksfest
Volksfeste sind für Kinder Höhepunkte im Jahreslauf und werden daher hier thematisiert. Je nach Gegend tragen Volksfeste unterschiedliche Namen. Die Kinder kreisen Begriffe ein, die sie kennen. Im Unterrichtsgespräch können weitere Namen geklärt werden.

Die Kinder sammeln Informationen zu einem (Herbst-)Volksfest, das in ihrer Nähe stattfindet. Schließlich malen sie, was ihnen an Volksfesten am besten gefällt.

Volksfest
Volksfeste sind entweder aus Festen zum Abschluss des landwirtschaftlichen Arbeitsjahres oder aus Kirchweihfesten entstanden. Neben kirchlichen Feiern fand an diesen Tagen oft ein Jahrmarkt mit Verkaufsständen und Fahrgeschäften statt.

Halloween
Auch wenn dieses Fest in Deutschland vielfach umstritten ist, da es sich um kein althergebrachtes Brauchtum handelt und es erst vor einigen Jahren aus Amerika zurück nach Europa kam, sollte es im Unterricht nicht komplett übergangen werden.

Mithilfe der abgebildeten Dinge, die zu anderen Festen gehören (Martinslaterne – Sankt Martin; Clownkostüm – Fasching/Karneval; Blumenstrauß, Geschenk – Geburtstag; Feuerwerksrakete – Silvester) kann das Brauchtum dieses Festes, das dem europäischen Brauchtum zum Jahresanfang, zu Fasching/Karneval und zur Walpurgisnacht ähnelt, kritisch untersucht werden.

Hinweis: „Trick or Treat" bedeutet übersetzt „Streich oder Vergnügen". Die Kinder gehen an Halloween von Haus zu Haus und bitten um Süßigkeiten (= Vergnügen). Wenn sie nichts bekommen, spielen sie den Bewohnern einen Streich.

Um den Kindern die Herkunft des Festes zu verdeutlichen, ist es sinnvoll, ihnen auf einer Landkarte die Lage von Irland, Europa und Amerika zu zeigen.

Die Geschichte vom heiligen Martin
Der Text auf Seite 22 ist als Vorlesegeschichte für die erste Jahrgangsstufe oder als Lesetext für die zweite Jahrgangsstufe geeignet. Die Legende erzählt von der Mantelteilung durch Martin, die noch heute der zentrale Inhalt der Feiern zum Martinstag ist. Im Rahmen einer Klassen- oder Schulfeier können die Kinder die Geschichte pantomimisch darstellen, während Sie den Text langsam vorlesen.

Halloween
Dieses Fest, dessen Brauchtum vor einigen Jahren von Amerika zurück nach Europa kam, stammt von den Kelten in England und Irland und hieß ursprünglich „Samhain". Nach dem keltischen Kalender begann am 1. November mit dem Winter das neue Jahr. Die Kelten glaubten, dass in der Nacht zuvor die Toten als Geister auf die Erde in ihre Häuser zurückkehrten. Die Menschen wollten sich vor den Streichen der Toten schützen, indem sie sich als Geister verkleideten, um nicht erkannt zu werden. Außerdem stellten sie Speisen vor die Haustüre, um die Geister zu besänftigen.

Im Jahr 835 wollte Papst Gregor IV. dieses keltische Fest durch ein christliches Fest ersetzen, indem er das Allerheiligenfest auf den 1. November legte. Doch das alte Fest wurde weiterhin am Vorabend von Allerheiligen – englisch „All Hallows' Eve" – gefeiert, woraus im Laufe der Zeit der Begriff „Halloween" wurde.

Englische und irische Auswanderer brachten dieses Fest nach Amerika, wo es seit dem 19. Jahrhundert zu den größten nationalen Festen gehört und inzwischen zu einem Fest der Kinder wurde.

Direkt im Anschluss an die Vorlesegeschichte bzw. den Lesetext schneiden die Kinder die Bild- und Textkarten (Seite 24) aus. Zunächst bringen sie die Bilder der Geschichte entsprechend in die richtige Reihenfolge und kleben sie auf die Kopiervorlage (Seite 23) oder in ihr Heft.

Lesestärkere Kinder können den Bildern die passenden Textkarten zuordnen, leseschwächere Kinder in das Kästchen zu jedem Bild einzelne Wörter, wie z. B. Martin, Bettler, Traum, schreiben. Ausgehend von den Bildern können die Kinder die Geschichte nacherzählen und/oder aufschreiben.

Zahlreiche weitere Informationen zum heiligen Martin finden Sie auf der Internetseite *http://www.martin-von-tours.de*.

 Wir basteln eine Martinslaterne

Zum Brauchtum des Martinstages gehört der Laternenumzug. Die brennenden Laternen bringen Licht in die Dunkelheit und sind damit ein Symbol für die Nächsten-liebe Martins, die er dem Bettler entgegenbrachte.

Für den Laternendeckel und -boden sind im Fachhandel fertige Schachteln günstig erhältlich, bei denen das Loch im Deckel bereits vorhanden ist. Darüber hinaus haben diese Schachteln gegenüber runden Käseschachteln den Vorteil, dass kein störender Werbeaufdruck vorhanden ist. Alternativ gibt es im Fachhandel auch komplette Laternenzuschnitte zu kaufen, die aus Laternendeckel, -boden sowie einem passenden Transparentpapier bestehen. Die Prickelnadel mit der dazugehörenden Stechunterlage (ebenfalls im Fachhandel erhältlich) ermöglicht bereits ungeübteren Kindern das saubere Ausschneiden von innen liegenden Formen und schult zugleich die Feinmotorik und Konzentration.

Die Kinder sollten ausdrücklich darauf hingewiesen werden, mit den brennenden Laternen vorsichtig umzugehen!

Wie kannst du helfen?

Die Kinder überlegen, wie sie das Beispiel Martins nachahmen und in ihrem Leben umsetzen können. Sie vervollständigen die vorgegebenen Satzanfänge mit eigenen Worten oder mit einem passenden Satzteil.

Eventuell können die Kinder auch von Erfahrungen berichten, in denen sie selbst sich bereits „ein bisschen wie Sankt Martin" verhielten.

 **Ein bisschen wie Sankt Martin**

Das Lied „Ein bisschen wie Sankt Martin" auf Seite 28 hat eine eingängige Melodie und auch der Text ist schnell zu lernen, da sich nur die jeweils dritte und vierte Textzeile ändert.

Vom Rhythmus her sollte darauf geachtet werden, dass in der ersten Zeile der Strophen die beiden Silben von „Martin" jeweils kurz gesungen wird. Die Pausen können beim Einstudieren geklatscht werden.

Die letzte Zeile des Liedes kann mit Stabspielen begleitet werden, zunächst in Schritten aufwärts von C bis F, dann abwärts von A bis F.

Zur Erarbeitung des Liedtextes schneiden die Schüler die einzelnen Puzzleteile von Seite 29 aus und setzen sie zusammen. Es passen immer zwei Teile zueinander. Danach versuchen sie, die Sätze den Strophen des Liedes zuzuordnen.

Lösung Seite 29

Mit einem Geschenk möchte ich dir zeigen, dass ich an dich denke (1. Strophe); Ich gebe dir gerne ein Stück von meinem Pausenbrot, wenn du keines dabei hast (2. Strophe); Es tut mir Leid, ich möchte gerne, dass wir uns wieder vertragen (3. Strophe); Ich erzähle niemandem, was passiert ist, aber mach es bitte nicht wieder (4. Strophe); Wenn du mich brauchst, bin ich immer für dich da (5. Strophe).

 Teilen

Die Mantelteilung durch Martin bildet die thematische Grundlage für diese Kopiervorlage. Die Schüler beschreiben, was die abgebildeten Kinder jeweils teilen. Sie berichten von eigenen Erfahrungen, in denen sie etwas teilten oder etwas bekamen. Sie können auch weitere Beispiele nennen.

Lösung

Arbeit (Kinder spülen gemeinsam ab); Freude (Mädchen freut sich, dass das andere Kind zum ersten Mal ohne Schwimmflügel schwimmt); Essen (Kind teilt sein Pausenbrot); Zeit (Kind besucht ein krankes Kind); Geheimnis (Kind flüstert anderem Kind etwas ins Ohr); Kummer (Kind tröstet Kind mit aufgeschlagenem Knie)

Fächerübergreifend mit dem Religionsunterricht kann aus dem Neuen Testament dazu die Geschichte vom barmherzigen Samariter (Lukas 10, 25–37) im Unterricht behandelt werden. Die Schüler können erkennen, dass sich Nächstenliebe und Hilfsbereitschaft nicht nur auf Freunde und Bekannte beziehen soll.

Name:

Das Jahr

 **Trage die fehlenden Monatsnamen ein.
Male zu jedem Monat ein passendes Bild.**

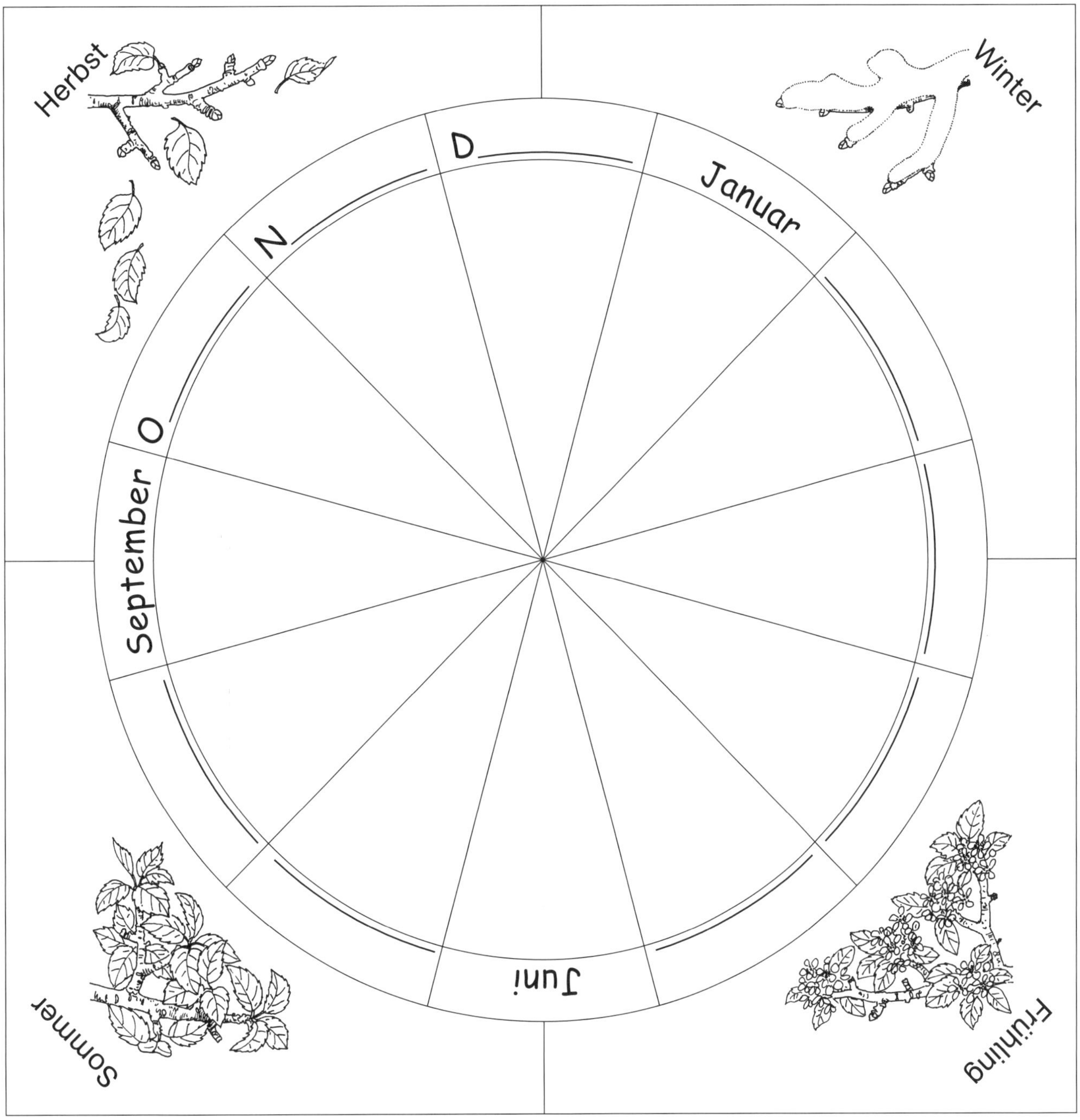

Name:

Im Herbst

 Ergänze die Sätze.

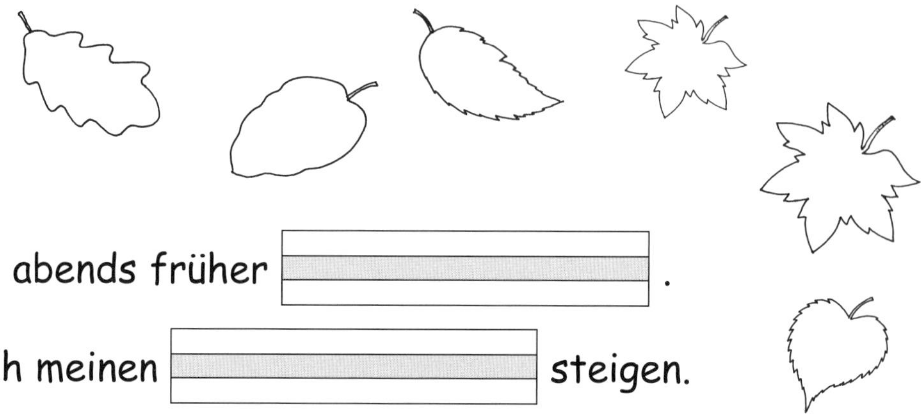

Im Herbst wird es abends früher ▭ .

Im Herbst lasse ich meinen ▭ steigen.

Im Herbst fliegen die Zugvögel in den ▭ .

Im Herbst frisst sich der Igel ein dickes ▭ an.

Im Herbst legt das Eichhörnchen einen ▭ an.

Im Herbst fallen die ▭ von den Bäumen.

Wintervorrat — dunkel — Drachen — Süden — Fettpolster — Blätter

 Was passiert im Herbst noch? Was machst du?
Schreibe auf. Male ein Bild dazu.

Im Herbst ▭

Im Herbst ▭

Name:

Der Herbst im Kalender

 **Schau in einem Kalender von diesem Jahr nach.
Trage das Datum dieser besonderen Tage ein.**

	20___	20___
Herbstanfang		
Erntedankfest		
Tag der Deutschen Einheit	3. Oktober	
Ende der Sommerzeit		
Reformationstag		
Allerheiligen		
Martinstag		
Buß- und Bettag		
1. Advent		
Barbaratag	4. Dezember	
Nikolaustag		
Luciatag		
Winteranfang		

 **Schau in einem Kalender von einem beliebigen anderen Jahr nach.
Trage das Datum dieser besonderen Tage in der zweiten Spalte ein.
Was stellst du fest?**

 Welche Kinder in deiner Klasse haben im Herbst Geburtstag? Trage ein.

Wer?	Wann?	Wer?	Wann?

Name:

Bauernregeln zum Herbst

Früher gab es noch keine Wettervorhersage im Radio oder im Fernsehen. Da richteten sich die Menschen nach Regeln, die sie selbst herausgefunden hatten.

 Immer zwei Textstreifen gehören zusammen. Male sie in der gleichen Farbe aus. Tipp: Die letzten Wörter müssen sich jeweils reimen.

September schön in den ersten Tagen,

bedeutet: Das Jahr soll fruchtbar sein.

Wenn im September viel Spinnen kriechen,

folgt ihm ein gesegnet Jahr.

Fällt im Oktober das Laub sehr schnell,

ist für die Saat kein großer Segen.

Im Oktober der Nebel viel,

bringt der Winter Flockenspiel.

Donnert's im November gar,

sie einen harten Winter riechen.

Im November viel Nass,

ist der Winter bald zur Stell'.

Weißer Dezember, viel Kälte darein,

auf den Wiesen viel Gras.

Dezember mild, mit viel Regen,

will den ganzen Herbst ansagen.

 Schreibe für jeden Herbstmonat eine Bauernregel auf.

Name:

Namenstage im Herbst

Früher trug jeder Tag den Namen eines Heiligen. In kleinen Reimen sammelten die Menschen zu einzelnen Tagen wichtige Ereignisse und Regeln für die Wettervorhersage.

 **Trage in die Bauernregeln den fehlenden Namen ein.
Die Bilder in den Kalenderblättern helfen dir dabei.**

13.12. Lucia

4.12. Barbara

6.12. Nikolaus

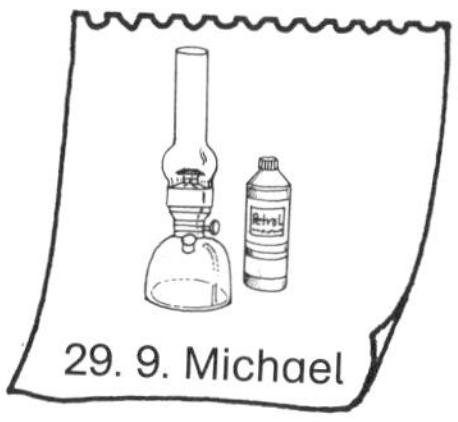

29.9. Michael

11.11. Martin

19.11. Elisabeth

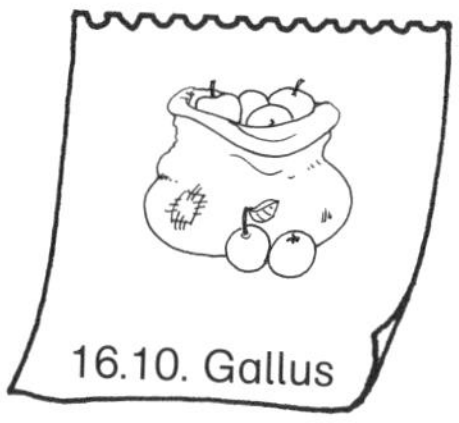

16.10. Gallus

30.11. Andreas

Es holt herbei Sankt ☐☐☐☐☐☐
die Lampe wieder und das Öl.

Auf Sankt ☐☐☐☐☐-Tag
muss jeder Apfel in sein' Sack.

Sankt ☐☐☐☐☐☐ setzt sich schon mit Dank
zum warmen Ofen auf die Bank.

Sankt ☐☐☐☐☐☐☐ sagt es an,
was der Winter für ein Mann.

Es verrät dir die ☐☐☐☐☐☐☐nacht,
was wohl so das Wetter macht.

Knospen an Sankt ☐☐☐☐☐☐,
sind zum Christfest Blüten da.

Regnet's an Sankt ☐☐☐☐☐☐☐,
wird der Winter streng, ein Graus!

Sankt ☐☐☐☐, die Lichterbraut,
ist mit der Dunkelheit vertraut.

Name:

Der Herbst – die Zeit der Jagd

Der italienische Komponist Antonio Vivaldi beschreibt in seinem Werk „Der Herbst" musikalisch eine Jagd.

Höre die Musik aufmerksam an. Bringe die folgenden Sätze mit Zahlen von 1 bis 4 in die Reihenfolge des Gehörten.

○ Das wilde Tier flieht und die Jäger folgen seiner Spur.

○ Das verwundete Tier stirbt auf der Flucht.

① In der Morgendämmerung gehen die Jäger mit Hörnern auf die Jagd.

○ Von der Flucht erschöpft, wird das wilde Tier mit der Flinte verwundet.

Schneide die Bilder aus und klebe sie ein.

16   Materialien für den Unterricht: Angelika Rehm, Herbst in der 1. und 2. Klasse © Hase und Igel Verlag, Garching b. München

Name:

Erntedank

 Male das Mandala aus. Überlege dabei, wofür du an Erntedank noch danken willst.

Herr,
nimm unsern Dank
für all die reichen Erntegaben,
für Speise und für Trank.

Herr,
du gibst uns viel:
die Bohnen, die Möhren, den Kohl
und ein kunterbuntes Blätterspiel.

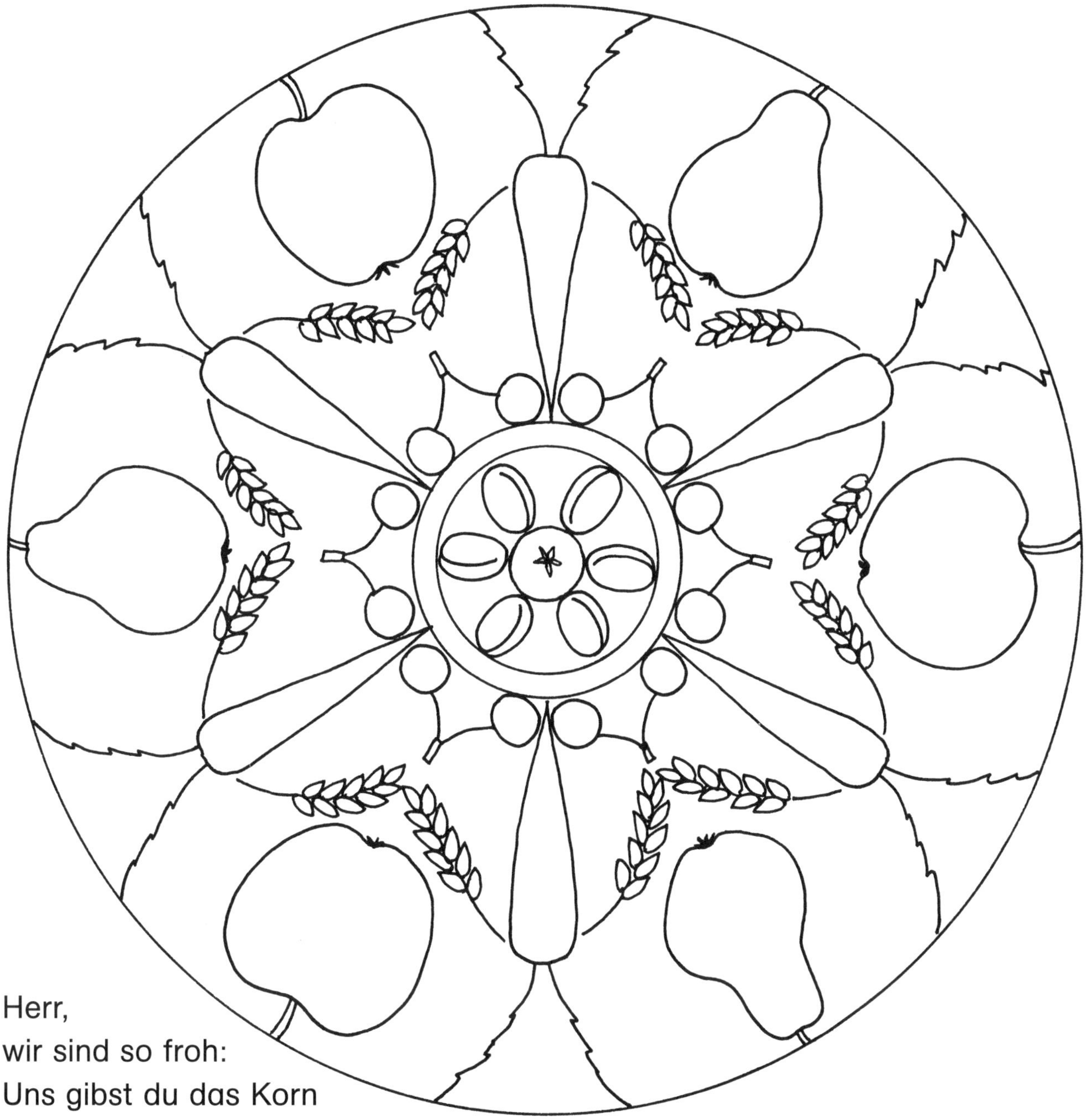

Herr,
wir sind so froh:
Uns gibst du das Korn
und den Tieren das Stroh.

Dieter Rehm

Name:

Der Erntedankkorb

 Schneide die Puzzleteile aus. Lege das Bild zusammen und klebe es auf ein Blatt. Auf die Linie im Korb schreibst du, wofür du danken möchtest.

Name:

Danke sagen

Es gibt viele Gründe, „danke" zu sagen.

... dass ich in der Schule Freunde habe.

... dass du mir etwas geschenkt hast.

Danke,

... dass bei uns Frieden ist.

... dass du mir geholfen hast.

... dass meine Familie gesund ist.

Sicher fällt dir noch mehr ein, wofür du danken kannst. Schreibe auf.

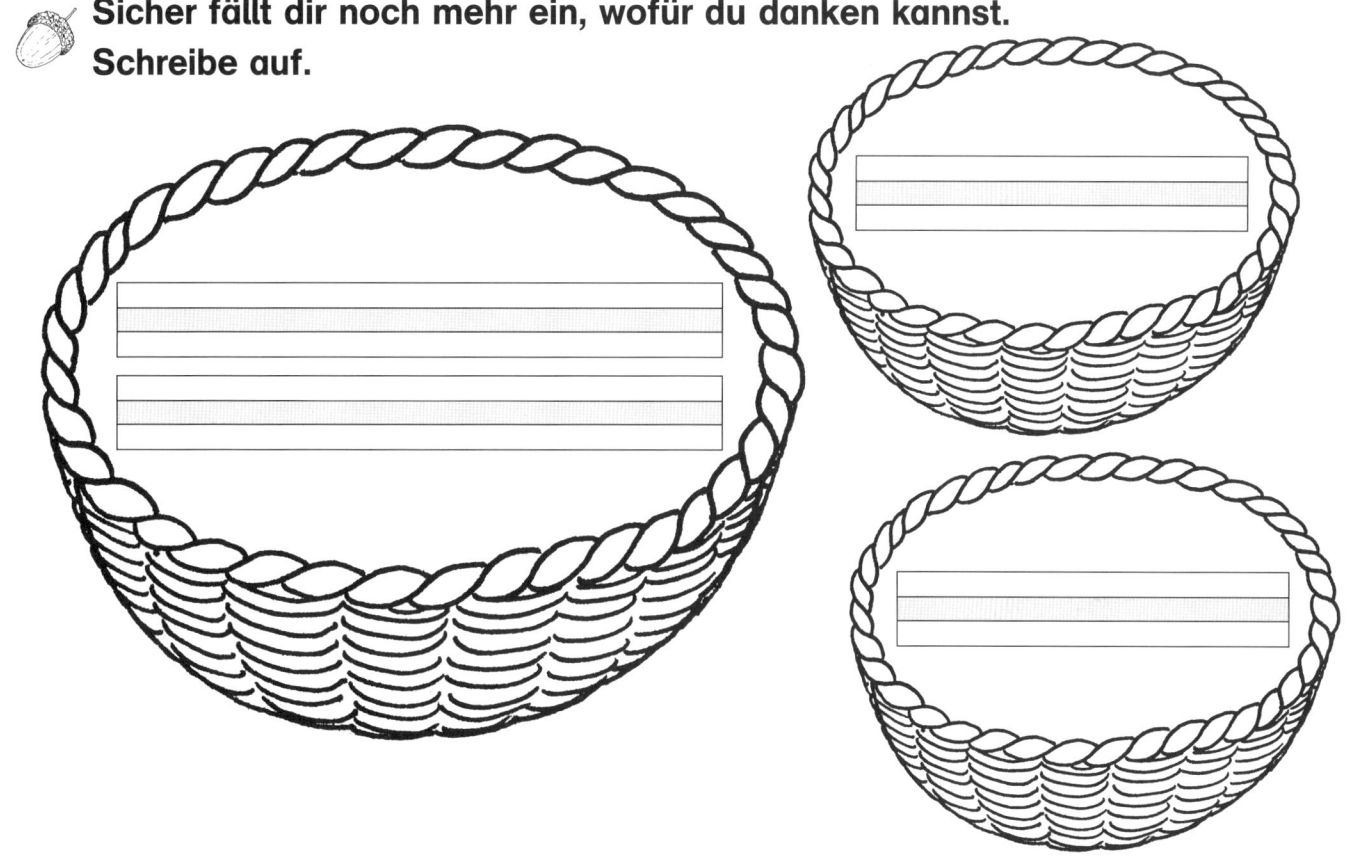

Name:

Volksfest

Zum Abschluss der Ernte feierten die Menschen früher ein Fest. Daraus sind die Volksfeste entstanden, die es noch heute in vielen Städten im Herbst gibt.

 Volksfeste können verschiedene Namen haben. Welche kennst du? Kreise sie ein.

Kirchweih   Jahrmarkt   Kirmes   Kirtag   Dult   Messe   Markt

 Sicher gibt es auch bei dir in der Nähe ein Volksfest.

Wie heißt das Volksfest?

Wo findet das Volksfest statt?

Wann findet es in diesem Jahr statt?

Wie viele Tage dauert das Volksfest?

 Was gefällt dir auf einem Volksfest am besten? Male es.

Name:

Halloween

Dieses Fest ist sehr alt. Es kam von Irland nach Amerika. Von dort gelangten die Bräuche zu diesem Fest nach Europa zurück.

Was gehört zu Halloween? Kreise ein.

**Welches Fest hat Ähnlichkeit mit Halloween? Warum?
Besprich dich mit deinem Partner oder deiner Gruppe.**

Die Geschichte vom heiligen Martin (1)

1 An einem kalten Wintertag ritt Martin
2 auf seinem Pferd in die nächste Stadt.
3 Am Stadttor begegnete er einem Bettler,
4 der nur mit Lumpen bekleidet war, und
5 erbärmlich fror. Der Mann bat die Leute
6 um Hilfe, doch alle gingen achtlos an ihm vorbei.
7 Der arme Mann weckte Martins Mitleid. Doch Martin war Soldat und
8 er hatte außer seinem Mantel und seinem Schwert nichts bei sich.
9 Er überlegte nicht lange. Er nahm das Schwert und teilte seinen Mantel
10 in der Mitte in zwei Teile. Die eine Hälfte gab er dem Bettler, in die
11 zweite Hälfte hüllte er sich wieder selbst. Einige Leute, die vorbeikamen,
12 lachten ihn aus, da er mit dem halben Mantel jämmerlich aussah.
13 Doch das störte ihn nicht.
14 In der folgenden Nacht erschien Martin im Traum Jesus Christus.
15 Er hatte die Mantelhälfte an, die Martin dem Bettler gegeben hatte.
16 Er sagte zu den Engeln: „Martin, der noch nicht getauft ist, hat mich
17 mit diesem Mantel bekleidet!"
18 Kurze Zeit später beendete Martin den Dienst als Soldat und ließ sich
19 taufen.

Name:

Die Geschichte vom heiligen Martin (2)

🌰 **Schneide die Bildkarten aus und klebe sie in der richtigen Reihenfolge auf.**

🌰 **Schneide die Textkarten aus. Ordne sie den Bildern zu.**

1.

2.

3.

4.

5.

6.

Die Geschichte vom heiligen Martin (3)

Bildkarten

✂

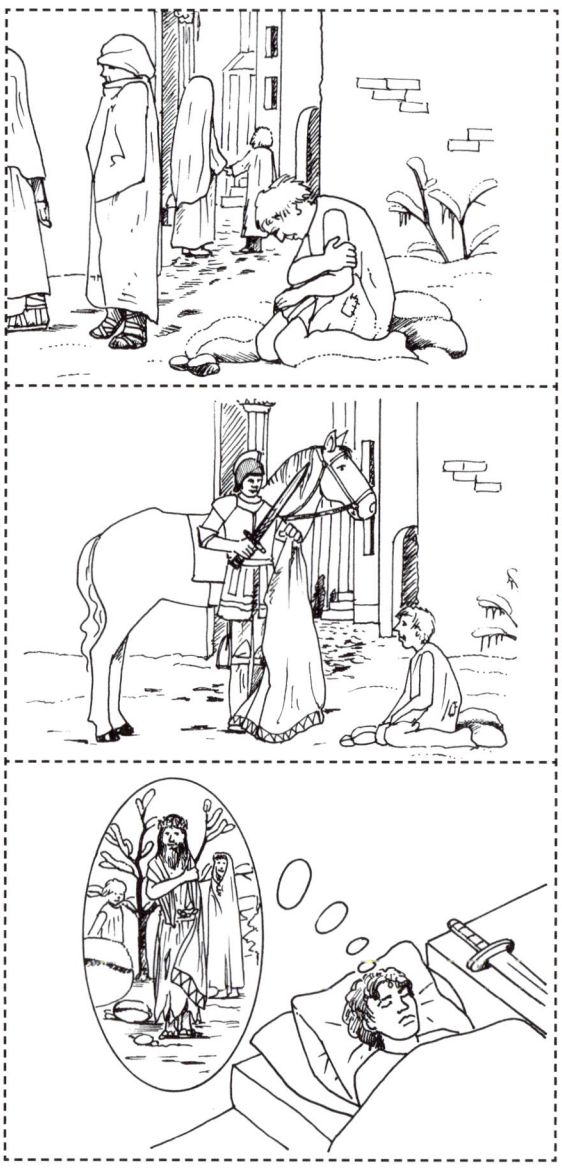

Textkarten

✂

Martin sah den Bettler und hielt sein Pferd an.	In der nächsten Nacht träumte Martin von Jesus, der seine Mantelhälfte trug.
Am Stadttor saß ein Bettler, der erbärmlich fror.	An einem kalten Wintertag ritt Martin in die nächste Stadt.
Martin stieg vom Pferd und teilte seinen Mantel in zwei Teile.	Martin gab dem Bettler eine Hälfte seines Mantels.

Wir basteln eine Martinslaterne (1)

 Du brauchst:
- Sternvorlage
- schwarzes Tonpapier
- Prickelnadel mit Stechunterlage (z. B. Teppichrest)
- gelbes Transparentpapier
- farbloses Transparentpapier, ca. 50 cm x 20 cm
- stumpfer Bleistift
- Schere
- Klebstoff
- runde Schachtel, ca. 15 cm Durchmesser
- Stück Draht
- Teelicht
- Laternenstab

 So wird's gemacht:

Die Schachtel

1. Schneide ein großes Loch in den Deckel der Käseschachtel.
2. Klebe die Aluschale des Teelichts in die Mitte des Bodens der Käseschachtel.

Die Laterne

1. Hinterklebe die Tonpapiersterne (siehe Seite 26) mit gelbem Transparentpapier.
2. Klebe die Sterne auf das farblose Transparentpapier.
3. Bestreiche den Boden der Schachtel außen mit Klebstoff und klebe das Transparentpapier rundherum fest.
4. Klebe das überlappende Transparentpapier am offenen Seitenrand zusammen.
5. Bestreiche den oberen Rand des Transparentpapiers mit Klebstoff und stülpe den Deckel vorsichtig darüber. Drücke das Transparentpapier von innen an der Schachtel fest.
6. Stich mit der Prickelnadel durch den oberen Rand der Laterne an zwei gegenüberliegenden Stellen ein Loch. Stecke jeweils von außen den Draht durch.
7. Lass dir von einem Erwachsenen eine kleine Kerbe in den Holzstab ritzen, in die du den Draht der Laterne legst.
8. Lass dir von einem Erwachsenen das Teelicht anzünden und in die Laterne stellen.

Wir basteln eine Martinslaterne (2)

 So wird's gemacht:

Die Sterne

1. Schneide einen der unten abgebildeten Sterne grob aus und lege ihn auf schwarzes Tonpapier.

2. Fahre mit einem stumpfen Bleistift den inneren und den äußeren Stern nach, sodass die Umrisse auf dem Karton gut sichtbar sind.

3. Lege das Tonpapier auf die Stechunterlage. Stich mit der Prickelnadel entlang der inneren Sternlinie kleine Löcher, sodass sich der innere Stern schließlich aus dem Tonpapier löst. Schneide jetzt noch den Stern an der äußeren Linie aus.

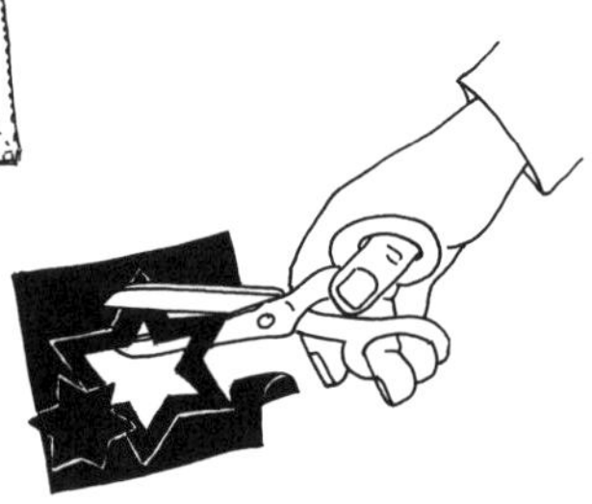

Stelle auf diese Weise so viele Sterne her, wie du auf deine Laterne kleben möchtest.

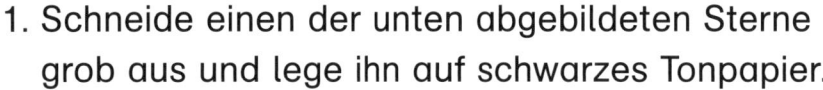

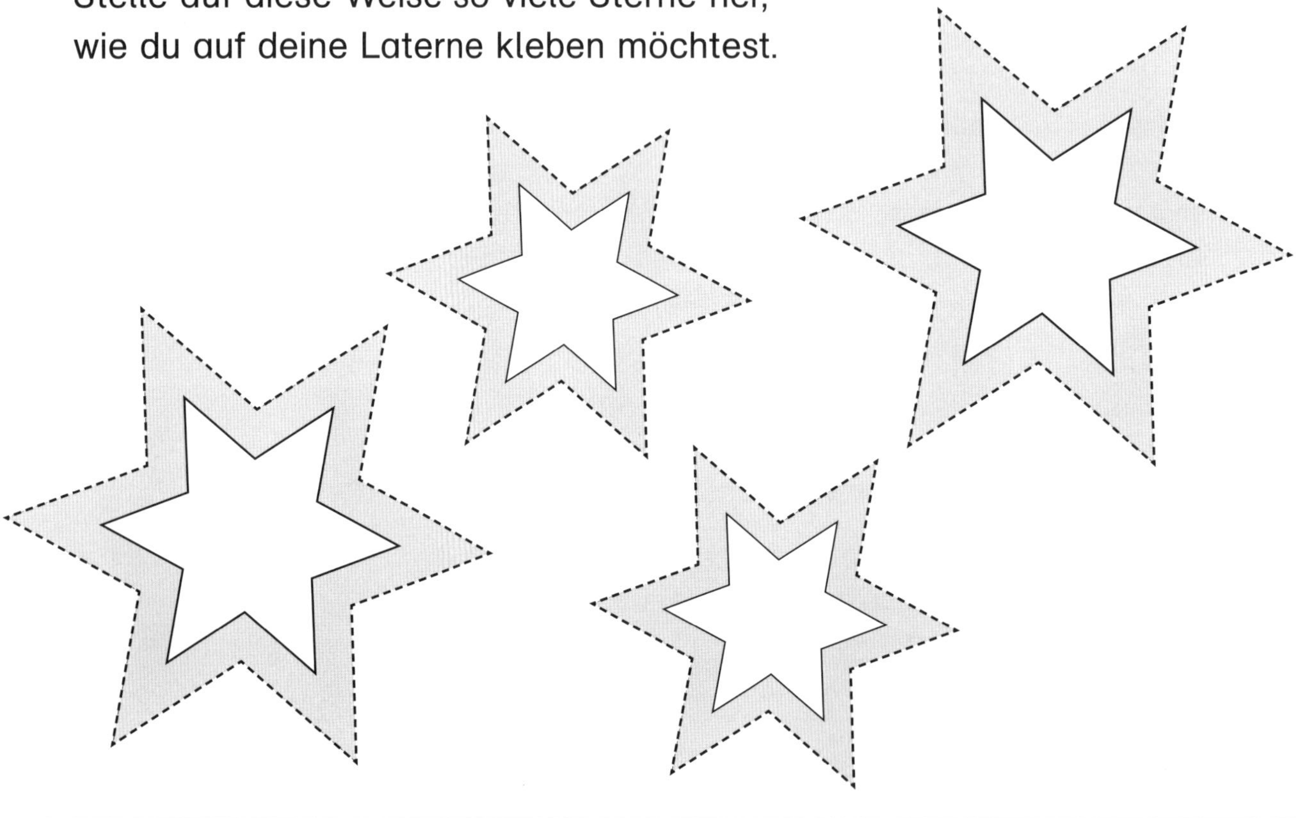

Name:

Wie kannst du helfen?

Martin hat dem armen Bettler geholfen. Auch du kannst anderen helfen und ein bisschen wie Sankt Martin sein. Was kannst *du* tun?

 Ergänze die Sätze sinnvoll mit den unten stehenden Satzteilen. Manchmal sind mehrere Lösungen möglich. Du kannst auch eigene Ideen aufschreiben.

Wenn jemand traurig ist,

Wenn jemand krank ist,

Wenn jemand einsam ist,

Wenn jemand etwas nicht versteht,

Wenn jemand schwach ist,

erkläre ich es ihm.

bin ich für ihn da.

helfe ich ihm.

besuche ich ihn.

tröste ich ihn.

schenke ich ihm Zeit.

Ein bisschen wie Sankt Martin (1)

1. Ein bisschen wie Sankt Martin möcht ich manchmal sein, und ich will an andre denken, ihnen auch mal etwas schenken. Nur ein bisschen, klitzeklein, möcht ich wie Sankt Martin sein.

2. Ein bisschen wie Sankt Martin
möcht ich manchmal sein,
und ich will auch mit dir teilen,
wenn du rufst, schnell zu dir eilen.
Nur ein bisschen, klitzeklein,
möcht ich wie Sankt Martin sein.

3. Ein bisschen wie Sankt Martin
möcht ich manchmal sein,
und ich will im Streit nicht leben,
dir die Friedenspfeife geben.
Nur ein bisschen, klitzeklein,
möcht ich wie Sankt Martin sein.

4. Ein bisschen wie Sankt Martin
möcht ich manchmal sein,
und ich möcht dich nicht verpetzen
oder gegen andre hetzen.
Nur ein bisschen, klitzeklein,
möcht ich wie Sankt Martin sein.

5. Ein bisschen wie Sankt Martin
möcht ich manchmal sein,
und ich schenk dir mein Vertrauen,
du kannst immer auf mich bauen.
Nur ein bisschen, klitzeklein,
möcht ich wie Sankt Martin sein.

Name:

Ein bisschen wie Sankt Martin (2)

 Schneide die Puzzleteile aus und setze sie richtig zusammen.

| Mit einem Geschenk möchte ich dir zeigen, | aber mach es bitte nicht wieder. |

| Ich gebe dir gerne ein Stück von meinem Pausenbrot, | bin ich immer für dich da. |

| Es tut mir leid, | wenn du keines dabei hast. |

| Ich erzähle niemandem, was passiert ist, | dass ich an dich denke. |

| Wenn du mich brauchst, | ich möchte gerne, dass wir uns wieder vertragen. |

 Zu welchen Strophen des Liedes passen die Sätze? Sprich mit deinem Partner darüber.

Name:

Teilen

Immer zwei Kinder teilen etwas.

 Erzähle zu den Bildern.

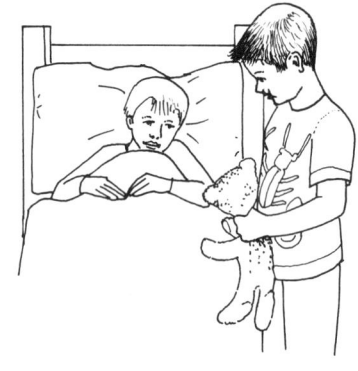

 Fällt dir noch mehr ein, was du teilen kannst? Erzähle.

2. Kapitel: Laubbäume im Herbst

Vorbemerkung

Kinder sammeln gerne! Das Sammeln von Baumfrüchten und Blättern kann man sich im Herbst für den Unterricht zunutze machen, da sich mithilfe dieser Naturmaterialien zahlreiche Lehrplanziele umsetzen lassen. Die Naturmaterialien regen zum Beschreiben, Basteln, Gestalten und Spielen an und nebenbei erfahren die Kinder viele interessante Dinge über Laubbäume im Herbst, ihre Blätter und Früchte. Vor allem Kinder der ersten Jahrgangsstufen lernen so die Jahreszeit „Herbst" bewusster kennen und können viele Erfahrungen in der freien Natur machen.

Lehrplanbezug

Sachunterricht
- Jahreszeiten kennen und bewusst erleben
- Leben mit der Natur: Laubbäume im Wald und im Park im Herbst
- Ausbreitung von Pflanzen durch Samen und Früchte beobachten
- Erfahrungen mit Luft: Samenflug

Kunsterziehung/Werken
- Naturmaterialien suchen, sammeln, benennen, vergleichen und präsentieren
- Naturmaterialien spielerisch und sinnenhaft wahrnehmen (Form, Oberfläche, Farbe)
- Gestalten mit Naturmaterialien
- Spielen mit Naturmaterialien

Musikerziehung
- Altersgemäße Lieder zum Herbst singen
- Lieder mit einfachen Instrumenten begleiten

Zu den Kopiervorlagen

Mein Herbstheft

Dieses kleine Büchlein kann bereits im ersten Schuljahr eingesetzt werden. Es regt die Kinder zu unterschiedlichen Aktivitäten im Herbst speziell mit Blättern an. Eine wichtige Voraussetzung für die Bearbeitung ist ein Unterrichtsgang in einen Wald oder einen Park, bei dem die Kinder bunte Blätter und Früchte von Laubbäumen sammeln können. Einige Anregungen sind direkt vor Ort durchführbar, andere können später im Klassenzimmer umgesetzt werden.

Jedes Kind erhält je eine Kopie der sechs Kopiervorlagen. Jedes Blatt wird auf der langen Seite einmal so in der Mitte gefaltet, dass die Schrift außen ist. Die Blätter werden dann den Seitenzahlen von 1 bis 12 entsprechend aufeinandergelegt und am linken Rand mindestens zweimal mit dem Klammerhefter zusammengeheftet.

Hinweise zur Bearbeitung der einzelnen Seiten:
Deckblatt: Die Kinder malen die Schrift in herbstlichen Farben aus und tragen ihren Namen ein. Da für die Gestaltung des Deckblatts ein gepresstes Blatt benötigt wird, sollte die Bearbeitung zunächst zurückgestellt werden. Die Gestaltung kann auf verschiedene Weise erfolgen:
- Ein schönes gepresstes Blatt wird mit Bleistift umfahren und anschließend mit Wasserfarben oder Farbstiften in herbstlichen Farben ausgemalt.
- Drucktechnik (siehe Seite 35)
- Spritztechnik (siehe Seite 35)

Seite 2: Diese Seite regt die Kinder an, den herbstlichen Laubwald bewusster mit allen Sinnen wahrzunehmen. Sie machen die angegebenen Beispiele zum Hören und Fühlen nach und zeichnen etwas, das sie riechen können.

Seite 3–9: Für die Bearbeitung des Heftes benötigt jedes Kind:
- ein Blatt zur Gestaltung des Deckblatts
- je ein Ahorn-, Buchen- und Lindenblatt für die Steckbriefe (Seite 4, 5, 8)
- ein beliebiges weiteres Blatt, z. B. von Eiche, Hasel oder Birke (Seite 9)
- fünf Ahornblätter in verschiedenen Gelb- und Rottönen (Seite 6/7)

Die Blätter werden gepresst (siehe Seite 59) und dann auf die entsprechende Seite geklebt. Die abgebildeten Früchte helfen bei der Bestimmung der Bäume auf den Steckbriefseiten (Seite 4, 5, 8). Sie können später auch für unterschiedliche Zuordnungsübungen und Spiele verwendet werden. Zum Schluss tragen die Kinder die Namen der Bäume als Überschrift ein.

Lösung

Ahorn (Seite 4), Buche (Seite 5), Linde (Seite 8)

Seite 9: Auf dieser Blankoseite zeichnen die Kinder einen beliebigen weiteren Baum mit seiner Frucht und kleben das dazugehörige Blatt ein.

Seite 6/7: Die Kinder kleben fünf Ahornblätter in verschiedenen Gelb- und Rottönen fächerartig auf, sodass die Farben von links nach rechts immer dunkler werden.

Seite 10: Die Kinder bemalen die Blattformen mit Wasserfarben oder Buntstiften in unterschiedlichen Gelbtönen: vom hellen Gelb bis zum dunklen Goldgelb.

Seite 11: Die Malanweisung wird entweder von Ihnen vorgelesen (1. Jahrgangsstufe) oder von den Schülern selbst gelesen (2. Jahrgangsstufe). Die Kinder malen den Drachen dem Text entsprechend aus.

Seite 12: Auf dieser Seite können die Kinder beliebige Aktivitäten, die für sie zum Herbst gehören, malen oder aufschreiben.

Fundstücke im Herbst

Diese Kopiervorlage kann sowohl zur Vor- als auch zur Nachbereitung eines herbstlichen Spaziergangs im Wald oder Park eingesetzt werden.

Bei der Vorbereitung beschreiben die Kinder Dinge, die sie bereits kennen. Einzelne Dinge können sie ausmalen. Bei dem sich anschließenden Unterrichtsgang suchen die Kinder gezielt nach einigen dieser Dinge und bringen sie mit.

Als Nachbereitung vergleichen die Kinder ihre Fundstücke mit dem Bild und ordnen sie der Zeichnung zu. Die Namen einzelner Dinge können auch aufgeschrieben werden.

Folgende Dinge sind auf dem Bild erkennbar: Blätter, Baumfrüchte (von Ahorn, Kastanie, Walnuss, Buche, Eiche und Hasel – mit und ohne Schalen), Zapfen, Hagebutten, Moos, Farn, Rinde, Stöckchen.

Baumfrüchte

Viele Kinder kennen zwar die Früchte verschiedener Laubbäume, wissen jedoch nicht, dass sie am Baum in Kapseln, Schalen oder Fruchtbechern wachsen und erst später herausfallen. Auf dieser Kopiervorlage schneiden die Kinder die Schalen und Becher aus und kleben sie über die passende Frucht. Zur Kontrolle sollten Früchte mit ihren Schalen bereitliegen, mithilfe derer die Kinder ihre Ergebnisse überprüfen können. Alternativ kann der Umgang mit den Naturmaterialien der Bearbeitung der Kopiervorlage auch vorausgehen.

Welche Früchte stecken in den Schalen?

Aus dieser Kopiervorlage kann ein Lernspiel hergestellt werden, das sich für den Einsatz in der Freiarbeit eignet. Das Blatt wird in der Mitte entlang der gestrichelten Linie auseinandergeschnitten. Auf der linken Seite werden die Linien um die Schalen und Becher herum auf drei Seiten mit einem Messer o. Ä. eingeritzt, sodass sie sich als „Türchen" öffnen lassen. Die beiden Blatthälften werden nun genau aufeinandergelegt und rundherum mit einem Klammerhefter zusammengetackert.

Mit diesem Lernspiel kann nun auf unterschiedliche Weise geübt werden:

- Die Kinder legen auf die fünf Felder die Baumfrüchte, die ihrer Meinung nach darin stecken. Zur Kontrolle klappen sie das Türchen auf und vergleichen das Bild mit ihrer Frucht.
- Die Kinder nennen anhand der Schalen den Namen der darin enthaltenen Frucht und kontrollieren durch Aufklappen des Türchens.
- Die Kinder nennen zu jeder Baumfrucht den Namen des Baums, von dem sie stammen.

Baumfrüchte

Im allgemeinen Sprachgebrauch werden Früchte und Samen von Laubbäumen gleichgesetzt. Streng genommen wird zwischen Frucht und Samen wie folgt unterschieden:

Baum	Frucht	Samen
Kastanie	stachelige Kapsel	**Kastanie**
Hasel	**Haselnuss** im Fruchtbecher	Frucht in der Nuss
Walnuss	**Walnuss**	Frucht in der Nuss
Eiche	**Eichel** im Fruchtbecher	Frucht in der Nuss
Ahorn	**Flügelfrucht**	darin liegende Nüsschen
Buche	**Buchecker** im Fruchtbecher	Frucht in der Nuss
Linde	gestielte **Nüsschen**	Frucht in der Nuss
Birke	**Zäpfchen**	geflügelte Nüsschen

Der Tastbeutel

Anhand der Anleitung stellen die Kinder einen Tastbeutel her, in den sie verschiedene Baumfrüchte mit und ohne Schalen stecken. Die Kinder ertasten die Früchte ohne hinzusehen und achten dabei besonders auf die unterschiedliche Oberfläche und Form. Auf den „Notizblättern" auf dem unteren Teil der Kopiervorlage können die Kinder die Eigenschaften von drei Baumfrüchten ankreuzen und gegebenenfalls selbstständig ergänzen. Außerdem schreiben sie den Namen der Frucht dazu. Diese Übung dient der haptischen Erfahrung der Baumfrüchte.

Tic-Tac-Toe mit Baumfrüchten

Baumfrüchte eignen sich hervorragend als Spielsteine. Dieses Spiel kann (fast) überall von zwei Kindern gespielt werden. Dazu kann der „Spielplan" auf der Kopiervorlage verwendet werden. Wer als Erster drei Spielsteine waagrecht, senkrecht oder diagonal in einer Reihe legt, hat gewonnen.

Früchtekette

Aus den gesammelten Baumfrüchten stellen die Kinder Früchteketten her. Sie können auch Hagebutten und andere Beeren dafür verwenden. Die Früchteketten eignen sich als Halsschmuck oder als Klassenzimmerschmuck.

Alternativ können im Herbst die bekannten Kastanienfiguren gebastelt werden:

Material:
- frisch gefallene Kastanien
- Zahnstocher
- Streichhölzer
- evtl. Knete oder weißer Stift

So wird's gemacht:
Dort, wo der Körper mit Armen, Beinen und dem Kopf verbunden werden soll, werden mit den Zahnstochern Löcher in die frischen Kastanien gestochen. Die Kastanien werden mit zurechtgeschnittenen Zahnstochern oder Streichhölzern verbunden. Augen, Nase und Mund können mit weißem Stift oder mit Knete gestaltet werden.

Bäume und ihre Früchte

Auf diesem Arbeitsblatt ordnen die Kinder die Bilder der Baumfrüchte den Bäumen und den Namen der Baumfrüchte zu. Dabei wurden nur Bäume ausgewählt, bei denen sich der Name der Frucht vom Namen des Baums unterscheidet. Für die Früchte von Ahorn, Linde und Birke, für die es unterschiedliche Namen gibt, wurden Bezeichnungen gewählt, die aufgrund des Aussehens der Früchte am einprägsamsten sind.

Lösung

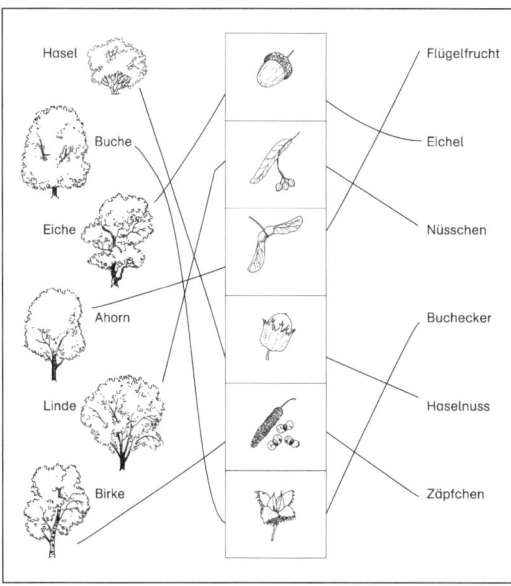

Bei „Kastanie" und „Walnuss" ist der Name des Baums mit dem Namen der Frucht identisch.

Die Verbreitung von Baumfrüchten

Die Baumfrüchte sind bzw. enthalten zugleich Samen, aus denen neue Bäume entstehen können. Anhand vorhandener Früchte stellen die Kinder zunächst Vermutungen über deren Verbreitung an. Mithilfe der beiden Texte in den Spalten können die Kinder dann die unten abgebildeten Früchte richtig zuordnen. Sie schneiden die Kärtchen aus und kleben sie in die passende Spalte ein.

Lösung

Verbreitung durch den Wind: Ahorn, Birke, Linde
Verbreitung durch Tiere: Buchecker, Eichel, Haselnuss, Kastanie, Walnuss

---

Verbreitung von Früchten und Samen

Ziel der Samenverbreitung ist es, die Samen auf ein möglichst großes Gebiet zu verteilen, damit sie dort keimen und eine neue Pflanze daraus entstehen kann.

Samen, die durch den Wind verbreitet werden, haben Vorrichtungen, die die Sinkgeschwindigkeit reduzieren und damit einen weiten Flug ermöglichen. Baumfrüchte, die zu schwer zum Fliegen sind, sind auf die Verbreitung von Tieren angewiesen. Eichhörnchen, Eichelhäher und Haselmaus vergraben diese Früchte als Vorrat und tragen damit zur Verbreitung bei.

Wie Ahornsamen fliegen
Wie Birkensamen fliegen

Sowohl die Samen des Ahorns als auch die Samen der Birke werden durch den Wind verbreitet, allerdings fliegen die Samen auf unterschiedliche Weise. Während sich der Ahornsamen wie ein Propeller zu Boden schraubt, besitzen die kleinen Nusssamen der Birkenzäpfchen zwei Tragflächen, sodass sie als Segelflieger zu Boden gleiten.

Die beiden Kopiervorlagen bieten anschauliche Anleitungen, mit deren Hilfe die Kinder die beiden verschiedenen Flugvorrichtungen im Modell nachbauen können.

Früchte und Blätter

Auf dieser Kopiervorlage verbinden die Kinder zunächst Baumfrüchte und Blätter, die vom gleichen Laubbaum stammen. Im Anschluss daran schneiden sie die unten stehenden Wortkärtchen aus und kleben sie auf die passende Verbindungslinie, die sie zuvor gezeichnet haben.

Lösung

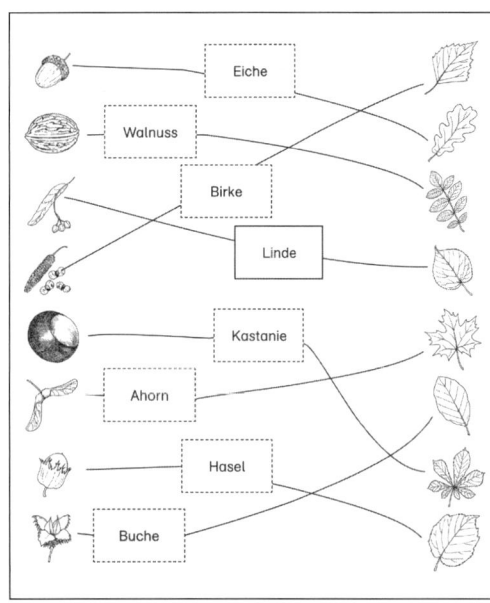

Schöne Blätter

Die Kinder betrachten einzelne Blätter genauer und nehmen dabei Details der Blattform und der Äderung bewusster wahr. Zunächst zeichnen sie das abgebildete Eichenblatt mit Bleistift genau ab. Auf die mögliche Frage, welchen Zweck die Adern des Blattes erfüllen, erfahren die Schüler, dass sie die Nährstoffe in die Blattspitzen transportieren.

Auf die untere Seitenhälfte kleben die Schüler ein gepresstes Blatt ihrer Wahl und zeichnen es ab.

Warum Laubbäume ihre Blätter abwerfen

Die Wurzeln von Laubbäumen saugen aus dem Boden Wasser auf, das sie über ihre Blätter verdunsten. Täglich können das mehrere Hundert Liter Wasser sein. Wenn im Winter der Boden gefroren ist, können die Baumwurzeln kein Wasser aufsaugen, sodass der Baum vertrocknen würde. Aus diesem Grund bildet sich im frühen Herbst zwischen der Rinde und dem Blattstiel von Laubbäumen eine Korkschicht, die die Saftzufuhr zum Blatt verringert und schließlich ganz einstellt. Das Blatt stirbt ab und fällt vom Baum.

Jedes Blatt ist anders!

Das Unterscheiden und Zuordnen von Blättern ist für Kinder anfangs erfahrungsgemäß nicht einfach. Aus diesem Grund sollen die Schüler die Form und den Rand einiger Blätter genauer betrachten. Dabei lassen sich durchaus Unterschiede feststellen!

Zunächst werden die Begriffe, die das Aussehen der Form und des Randes beschreiben, gemeinsam gelesen und erklärt. Es empfiehlt sich, dass die Kinder zu jedem Begriff der Blattformen ein kleines Symbol zeichnen, das ihn veranschaulicht: Herz, Hand mit ausgestreckten Fingern, Ei, Feder, Kreis, Dreieck. Die Blattränder sind bereits dargestellt.

Im Anschluss daran beschreiben sie mithilfe dieser Begriffe die Formen und Ränder der abgebildeten Blätter und schreiben schließlich den Namen des Baums, von dem sie stammen, in das Blatt.

Lösung
(von links oben nach rechts unten) Birke, Ahorn, Eiche, Kastanie, Linde, Buche

Wir zeichnen Blätter

Nachdem die Schüler die Blattformen und -ränder genau betrachtet haben, ergänzen sie die fehlenden Hälften der Blätter und achten dabei auf das Aussehen des Blattrandes. Es kommt nicht darauf an, die Blätter möglichst genau zu spiegeln, da es auch in der Natur keine symmetrischen Blätter gibt. Die Kinder malen die Blätter in herbstlichen Farben aus und schreiben die Namen der Bäume dazu.

Lösung
Linde, Eiche, Birke, Ahorn, Kastanie

Wir pressen Blätter

KV Seite 59

Das Pressen ist eine grundlegende Technik für den Umgang mit Blättern. Getrocknete Blätter schrumpeln nicht, halten wesentlich länger und können für zahlreiche Lernaufgaben und Bastelarbeiten verwendet werden. Diese Kopiervorlage enthält eine ausführliche Beschreibung des Pressvorgangs.

Weitere Möglichkeiten zur Blätter-Konservierung

- Blätter zwischen Zeitungs- oder Löschpapier legen und mit dem nicht zu heißen Bügeleisen darüberfahren. Vorsicht, die Blätter dürfen nicht verbrennen!
- Blätter bei etwa 50 °C im Backofen bei geöffneter Herdklappe trocknen. Achten Sie darauf, dass die Blätter nicht braun werden!

Gepresste Blätter werden für folgende Bastelarbeiten benötigt:
- Herbstheft (Seite 39–44)
- Schöne Blätter (Seite 56)
- Blättertiere (Seite 60)
- Wir basteln ein Blätter-Memory (Seite 61)
- Fensterbild „Herbstblatt" (Seite 62)

Weitere Ideen für den Kunstunterricht

Drucktechnik
Gepresste Blätter mit starken Blattadern werden auf der Rückseite mit Wasserfarben bestrichen und auf einem Zeichenblockblatt abgedruckt. Dabei sollten möglichst verschiedene Blattformen mit unterschiedlichen Herbstfarben verwendet werden.

Spritztechnik
Gepresste Blätter werden auf ein Zeichenblockblatt gelegt, wobei sie auch überlappen können. Mit einer alten Zahnbürste wird Wasserfarbe durch ein Sieb auf das Blatt gespritzt. Dabei können mehrere Farben verwendet werden. Nach dem Trocknen werden die Blätter vorsichtig entfernt und der Umriss wird sichtbar.

Blättertiere

KV Seite 60

Zunächst betrachten die Kinder das Bild und benennen die verwendeten Blätter. Im Anschluss daran legen sie mit gepressten Blättern selbst ein Tier und kleben es auf ein Zeichenblockblatt. Ein Mitschüler beschreibt die verwendeten Blätter und versucht zu erraten, welches Tier dargestellt wurde.

Wir basteln ein Blätter-Memory

KV Seite 61

Die Schüler bringen die Bastelanleitung mit den Zahlen von 1 bis 6 in die richtige Reihenfolge. Leseschwächere Schüler können die Streifen zerschneiden, in die richtige Reihenfolge legen und anschließend auf ein Blatt kleben. Schließlich schreiben sie die Sätze in der richtigen Reihenfolge ab.

Als vorentlastender Einstieg ist es möglich, die Bilder dieser Kopiervorlage einzeln auf dem Tageslichtprojektor zu präsentieren, sodass die Kinder sie in die richtige Reihenfolge bringen können, ohne vom Text abgelenkt zu werden.

> **Blattfärbung**
> Bevor die Blätter von den Bäumen fallen, entzieht der Baum ihnen die noch brauchbaren, energiereichen Stoffe wie Blattgrün, Zucker und Mineralien. Er speichert sie über den Winter in seinem Holz. Wenn das Blattgrün (Chlorophyll) aus den Blättern abgeleitet wird, werden die darunterliegenden Farben sichtbar. Die Blätter färben sich gelb oder orange. Die absterbenden Laubblätter verfärben sich später braun und fallen schließlich ab.

Fensterbild „Herbstblatt"

KV Seite 62

Jedes Kind benötigt je ein DIN-A4-Blatt Tonpapier und farbloses Transparentpapier, ein gepresstes Blatt sowie Schere und Klebstoff.

Die Vorlage wird für jedes Kind auf Tonpapier kopiert. Das Oval und die graue Fläche im Inneren des Ovals werden ausgeschnitten, sodass ein Tonpapierrahmen übrig bleibt. Eine Seite dieses Rahmens wird mit Klebstoff bestrichen und auf das Transparentpapier gelegt. Das über den Rahmen hinausragende Transparentpapier wird sauber abgeschnitten. Zum Schluss wird ein gepresstes Herbstblatt auf die Vorderseite geklebt.

In ähnlicher Weise kann eine Laterne gestaltet werden, indem auf das Transparentpapier statt Sternen (siehe Seite 25/26) gepresste Blätter aufgeklebt werden.

Alternativ können auch Blattumrisse kopiert und auf Transparentpapier in herbstlichen Farben (gelb, orange oder rot) übertragen/durchgepaust werden. Diese „Herbstblätter" werden nun auf das Transparentpapier für die Laterne aufgeklebt.

 Buntes Herbstlaub
KV Seite 63

Mithilfe dieser Kopiervorlage können die Kinder nachvollziehen, wie die Verfärbung der Blätter im Herbst vor sich geht.

Die bunten Blätter werden anschließend ausgeschnitten und entweder ans Fenster gehängt oder als Blätterhaufen auf Tonpapier geklebt. Darin kann sich noch ein Igel (siehe Seite 87) verstecken.

 Positiv-Negativ-Bild
KV Seite 64

Für diese Bastelarbeit benötigt jedes Kind einen dunkelbraunen Tonkarton (DIN A4), Klebstoff und eine Schere. Die Kopiervorlage wird – der halben Anzahl der Kinder entsprechend – auf Papier in herbstlichen Farben (z. B. gelb, orange) kopiert, in der Mitte auseinander geschnitten und verteilt. Kinder, die noch Schwierigkeiten im Umgang mit der Schere haben, sollten das Buchenblatt wählen, da diese Form einfacher auszuschneiden ist.

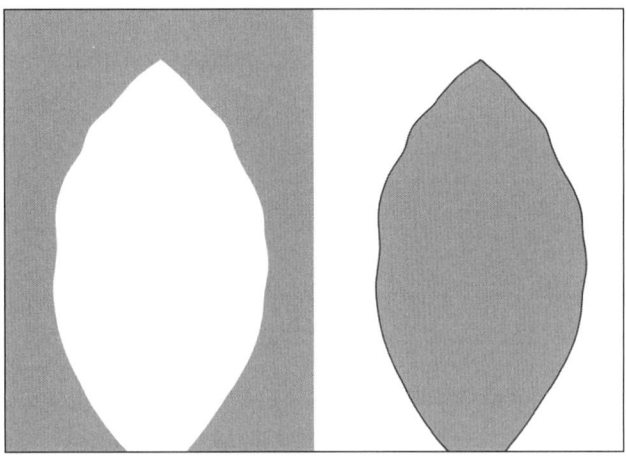

Nun schneiden die Kinder das Blatt in einem Schnitt aus. Dabei muss so sorgfältig gearbeitet werden, dass sowohl die Blattform als auch der Rand komplett erhalten bleiben.

Das Papier mit der Negativ-Form wird am linken Rand des dunkelbraunen Tonkartons aufgeklebt. Auf der gegenüberliegenden Seite wird das ausgeschnittene Blatt (Positiv-Form) genau in der Mitte aufgeklebt.

 Ihr Blätter, wollt ihr tanzen?
KV Seite 65

Dieses Herbstlied hat einen Kinderstimmen entsprechenden Tonumfang sowie eine einfache Melodieführung und kann deshalb schnell gelernt werden.

Als Vor-, Zwischen- und Nachspiel können die Kinder eine Klangillustration gestalten: Wind- und Blättergeräusche werden durch Reiben auf der Handtrommel sowie durch Pfeifen und Zischen nachgeahmt.

Möglicher Ablauf mit Klangillustration und szenischer Darstellung:

Vorspiel: Die Kinder hocken mit farbigen Tüchern in der Hand auf dem Boden, stehen langsam auf und bewegen die Arme mit den Tüchern leicht hin und her.

1. Strophe: „So rief im Herbst der Wind" – Die Kinder werfen die Tücher in die Luft.
„Ja, ja, wir wollen tanzen …" – Je zwei Kinder haken sich unter und tanzen.

Zwischenspiel: Die Kinder heben die Tücher auf und werfen sie nochmals in die Luft.

2. Strophe: „Da fuhr er durch die Äste …" – Die Kinder imitieren das Blattpflücken.
„Nun ziehen wir zum Feste …" – Je zwei Kinder haken sich unter und tanzen.

Nachspiel: Die Kinder sinken langsam auf den Boden.

Im Herbst
KV Seite 66/67

Dieses Lied ist aufgrund der vielen Melodie- und Textwiederholungen bereits für die ersten Jahrgangsstufen geeignet. Vor der Besprechung des Textes sammeln die Kinder die Veränderungen, die sich im Herbst in der Natur abspielen: z. B. die Blätter fallen, die Tiere verkriechen sich.

In jeder Strophe wird ein Herbstphänomen genauer betrachtet:

1. Strophe:
Die Blätter fallen und das Wetter wird schlechter.
2. Strophe:
Die Arbeit auf den Feldern ist beendet und alles ruht.
3. Strophe:
Die Tiere bereiten sich auf den Winter vor.
4. Strophe:
Die Zugvögel fliegen in den Süden.

Das Einstudieren des Liedes beginnt am besten mit dem zweiten Teil, der nach jeder Strophe wiederholt wird. Wenn die Kinder diesen Teil sicher singen können, singen Sie jeweils die Strophentexte dazwischen. Auf diese Weise werden die Kinder auch mit dieser Melodie vertraut gemacht. Eventuell kann beim Liedvortrag jeweils eine Gruppe einen Strophentext singen, den zweiten Teil singen dann alle gemeinsam.

Zur Unterstützung des Gesangs wird die Melodie mit Flöten gespielt. Die Begleitung mit Glockenspiel oder Xylophon, im zweiten Teil zusätzlich noch Triangel, gibt dem Lied einen konzertanten Charakter. Das zweiaktige Vorspiel kann auch zwischen den Strophen wiederholt werden.

Laubbaum-Terzett
KV Seite 68–70

Nachdem die Kinder jedes Kärtchen mit dem passenden Baumnamen beschriftet haben, werden die drei Kopiervorlagen auf Pappkarton geklebt und in Kärtchen zerschnitten. Sie können auch mit Folie überzogen werden.

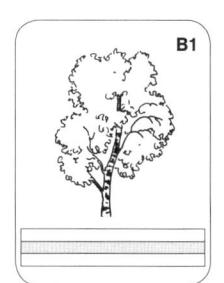

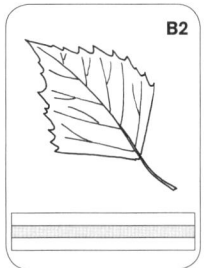

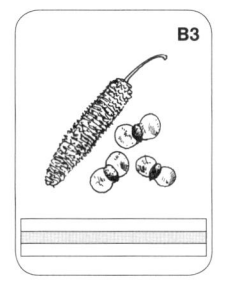

Spielanleitung
Die Kärtchen werden gleichmäßig an 3 bis 4 Spieler verteilt. Wie beim Quartettspiel zieht nun Kind A ein Kärtchen von Kind B, Kind B von Kind C usw. Wer als Erster drei zusammengehörende Karten gesammelt hat, hat ein Terzett und legt es ab. Gewonnen hat, wer zum Schluss des Spiels die meisten Terzette ablegen konnte.

Blätter und Früchte von Laubbäumen
KV Seite 70/71

Zu jedem Blatt und zu jeder Baumfrucht wird der Name des Baums geschrieben. Auf den beiden Blankokärtchen kann ein Blatt und eine Frucht eines weiteren Baums (auch eines Nadelbaums) selbstständig ergänzt werden. Die Kopiervorlagen werden auf Pappkarton geklebt und in Kärtchen zerschnitten. Sie können auch mit Folie überzogen oder laminiert werden. Je nach Wissensstand der Kinder können einzelne Kärtchen aussortiert werden.

Die Kärtchen können für verschiedene Spiele und Zuordnungsübungen verwendet werden:

Memory
Die Kinder mischen die Kärtchen und legen sie verdeckt auf den Tisch. Jeder Spieler deckt nacheinander zwei Kärtchen auf. Gehören die beiden Kärtchen nicht zusammen, so werden sie wieder umgedreht. Passen die beiden Kärtchen zusammen, darf der Spieler sie an sich nehmen. Wer findet die meisten Paare?

Bingo – einfache Variante
Die Kinder nehmen nur die Kärtchen mit Baumfrüchten, die anderen Kärtchen werden zur Seite gelegt. Jedes Kind wählt sechs Kärtchen aus und legt sie offen vor sich auf den Tisch. Der Lehrer hat die Kärtchen auf Folie vorbereitet und wählt nun ebenfalls sechs Bilder aus, die er nacheinander auf den Tageslichtprojektor legt. Die Kinder vergleichen nun das Folienbild mit ihren Kärtchen. Haben sie das gezeigte Bild vor sich liegen, sind sie weiter im Spiel. Es gewinnt der Spieler, der alle sechs Karten richtig gewählt hat.

Bingo – schwierigere Variante
Die Kinder wählen neun Kärtchen mit Baumfrüchten, die sie vor sich in drei Dreierreihen auflegen. Zeigen Sie nun ein Baumfrucht-Kärtchen nach dem anderen auf dem Tageslichtprojektor. Die Kinder vergleichen das Folienbild mit ihren Kärtchen. Haben sie das Folienbild ausliegen, so drehen sie dieses Kärtchen um. Es gewinnt der Spieler, der als Erster drei Kärtchen in einer Reihe (waagrecht, senkrecht oder diagonal) umdrehen konnte.

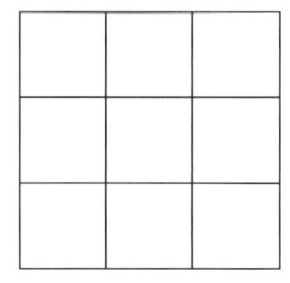

Paar- oder Gruppenbildung

Je nach Anzahl der Kinder in der Klasse werden Blatt- und Baumfruchtkärtchen verdeckt ausgelegt. Jedes Kind zieht ein Kärtchen.

Soll die Klasse in Paare eingeteilt werden, so finden sich die Kinder anhand ihrer Kärtchen zu Paaren zusammen.

Soll die Klasse in zwei große Gruppen eingeteilt werden, so finden sich die Kinder in eine Gruppe „Blätter" und eine Gruppe „Früchte" zusammen.

Herbstspaziergang
KV Seite 72–75

Dieses Würfelspiel kann zur Wiederholung und Sicherung des Gelernten zum Thema Blätter und Früchte von Laubbäumen eingesetzt werden. Die Fragekarten bieten Fragen zu allen Bereichen dieses Unterrichtsmaterials. Je nachdem, welche Themen die Kinder üben sollen, können einzelne Karten beiseite gelegt werden. Entsprechende Symbole auf den Fragekarten erleichtern die Zurordnung zu den einzelnen Kapiteln.

Vorbereitung

Die beiden Seiten des Spielplans (Seite 72/73) werden kopiert und an den Linien zusammengeklebt. Die Kinder können den Spielplan mit Buntstiften farbig gestalten. Nun wird der Spielplan laminiert oder mit Folie überzogen. Jeder Mitspieler benötigt eine Spielfigur, die auf das Startfeld gestellt wird, und einen Würfel.

Für den Einsatz des Spiels in der ersten Jahrgangsstufe wird eine Kiste mit gesammelten Früchten und Blättern bereitgestellt.

Die Fragekarten (Seite 74/75) sind für den Einsatz in der zweiten Jahrgangsstufe gedacht. Sie werden ebenfalls kopiert, zur besseren Haltbarkeit auf Pappkarton geklebt, laminiert oder mit Folie überzogen und auseinandergeschnitten. Die Fragekarten werden verdeckt auf das entsprechende Feld auf dem Spielplan gelegt.

Spielregeln

1. Alle Kinder würfeln. Der Spieler mit der höchsten Augenzahl beginnt.
2. Jeder Spieler zieht der gewürfelten Augenzahl entsprechend vor.
3. Kommt ein Spieler auf ein Feld mit einem Bild, so rückt er auf das entsprechende Wort (Name des passenden Baums bzw. Name des Tiers) vor oder zurück.
4. Kommt ein Kind auf ein Feld mit einem Fragezeichen,
   - so benennt es ein von einem Mitspieler aus der Kiste gezogenes Blatt oder eine Frucht. (1. Jahrgangsstufe)
   - so zieht es eine Fragekarte. Beantwortet es die Frage richtig, rückt es mit seiner Spielfigur zwei Felder vor. Die Mitspieler kontrollieren die Antwort. (2. Jahrgangsstufe)
5. Gewonnen hat, wer als Erster mit der passenden Augenzahl ins Ziel gelangt.

Mein Herbstheft

Ich heiße _____

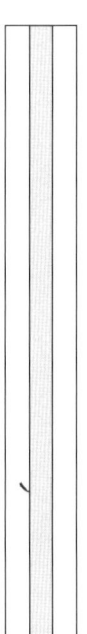

Geh im Herbst durch einen Laubwald oder durch einen Park.

Hör zu!

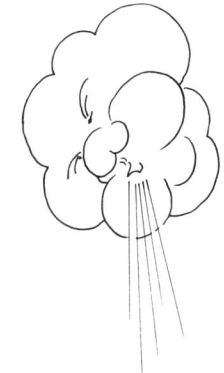

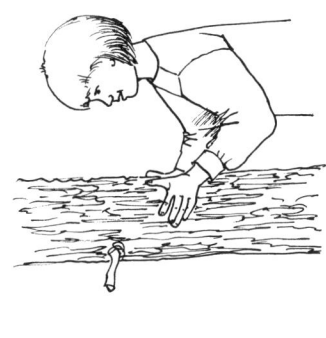

Fühle!

Rieche! Was? Male.

Sammle Blätter und Baumfrüchte.

und

oder

und

oder

5x

Ahornblätter

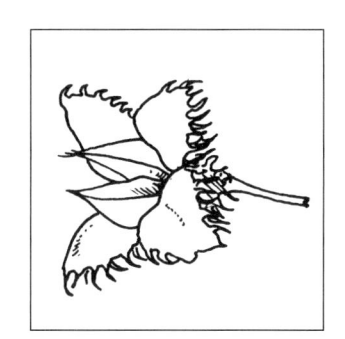

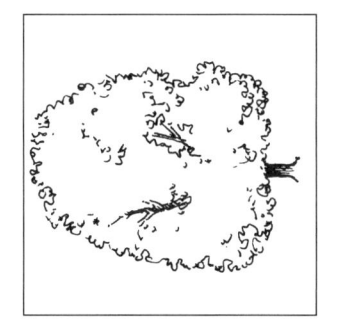

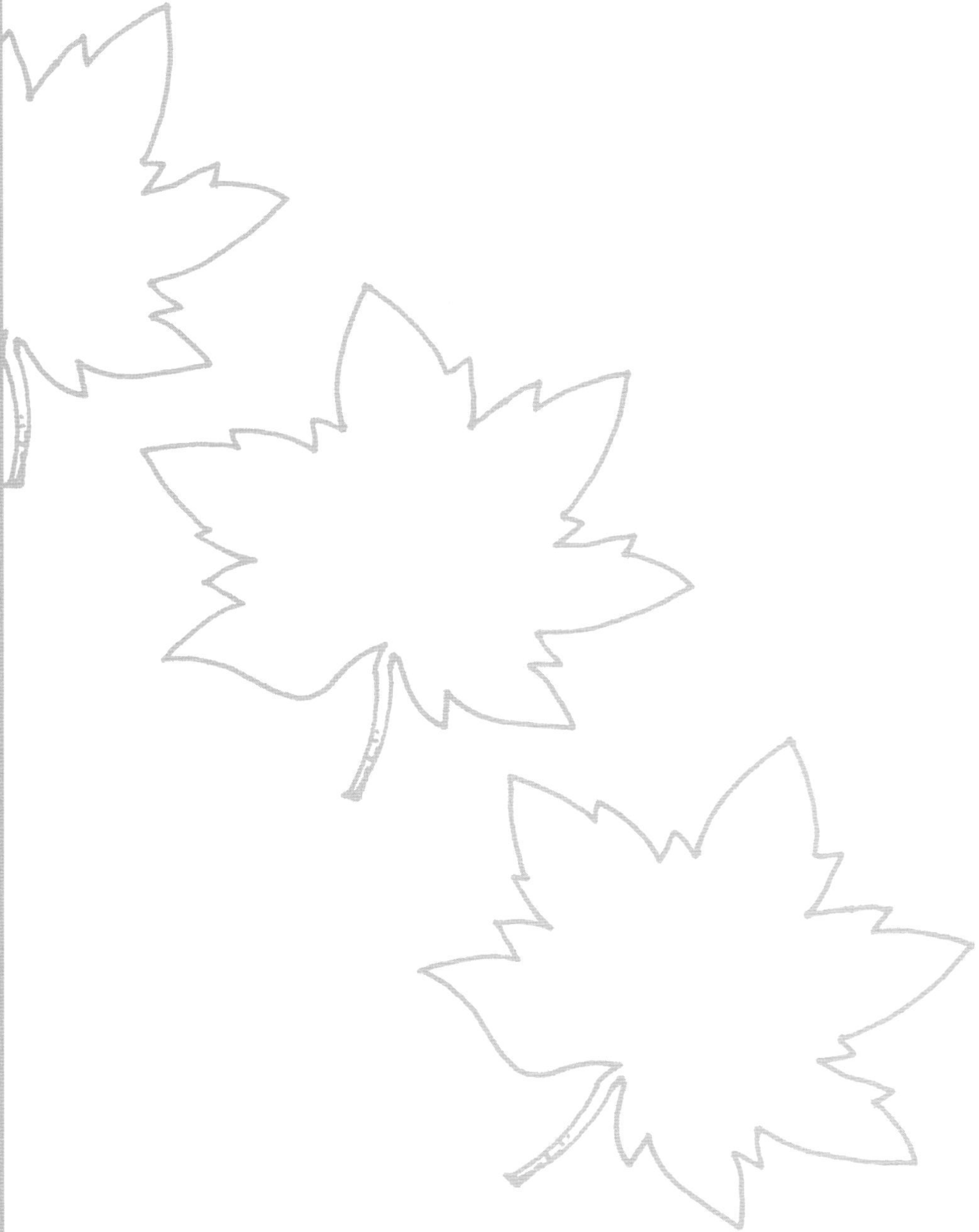

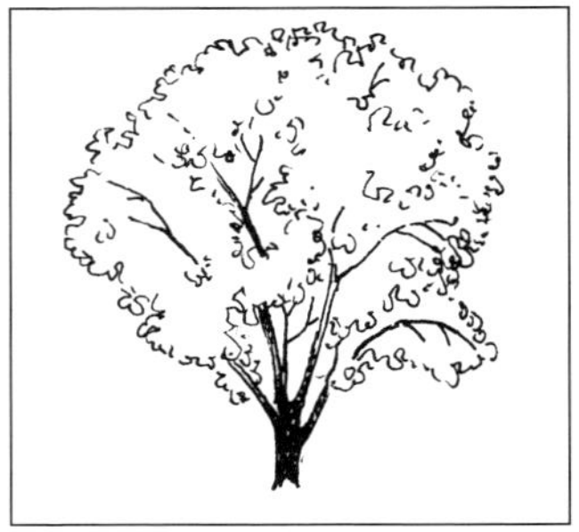

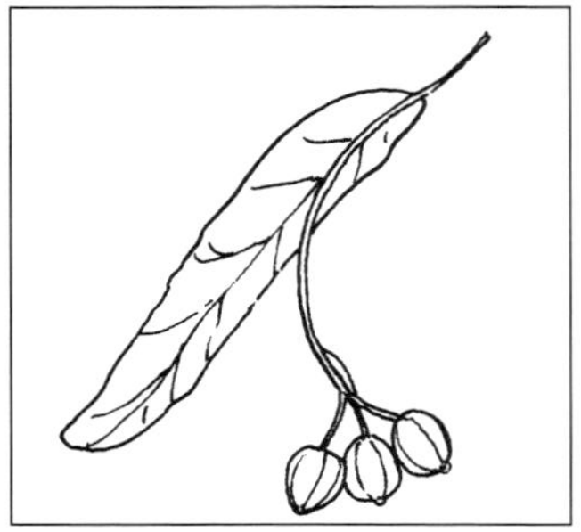

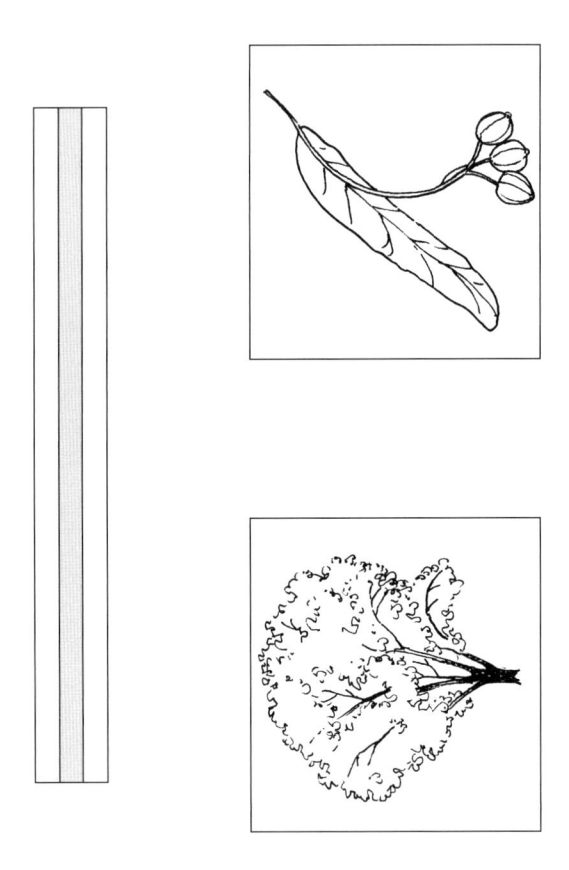

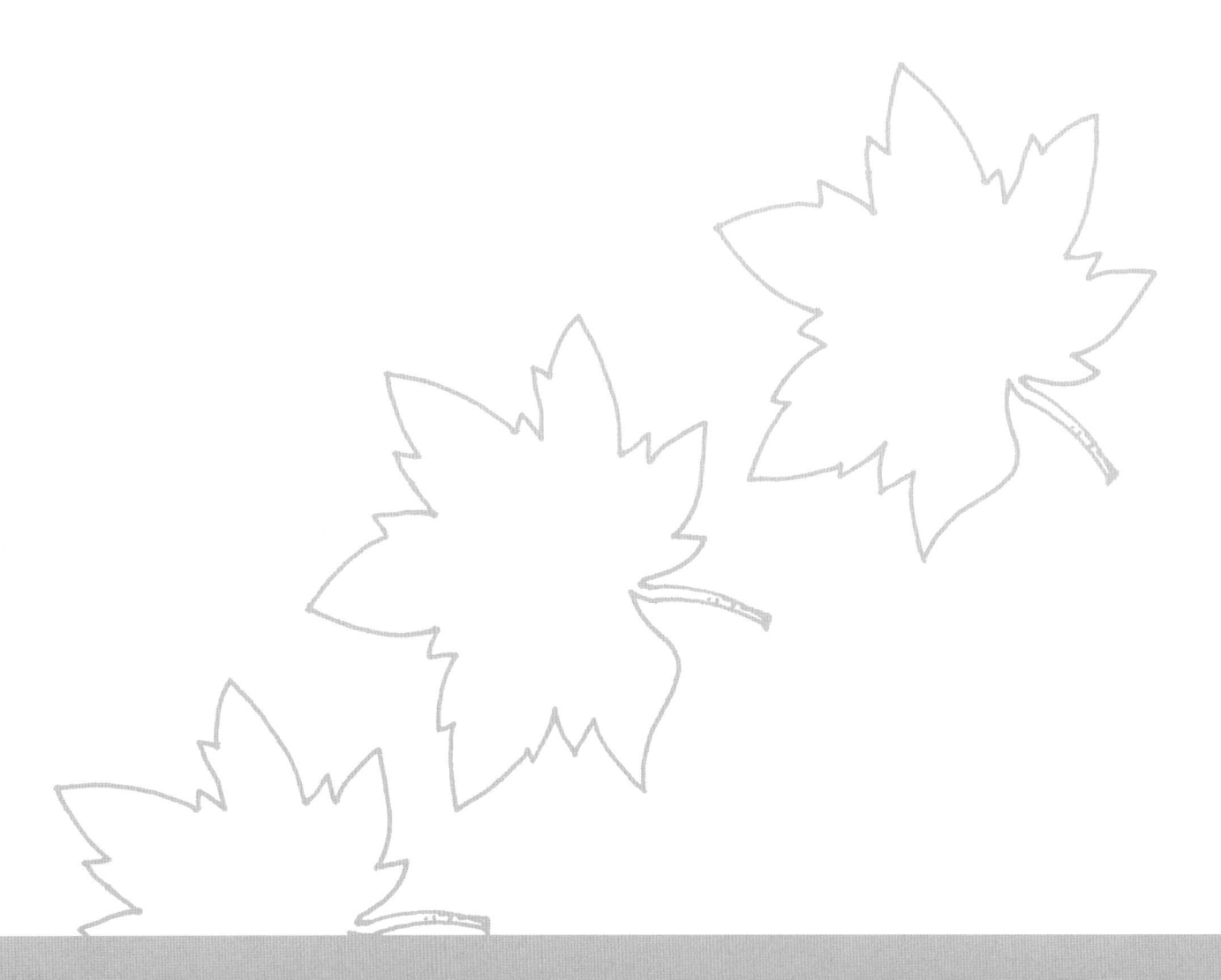

Nimm Farbstifte oder Wasserfarben.
Male jedes Blatt in einem anderen Gelbton aus.

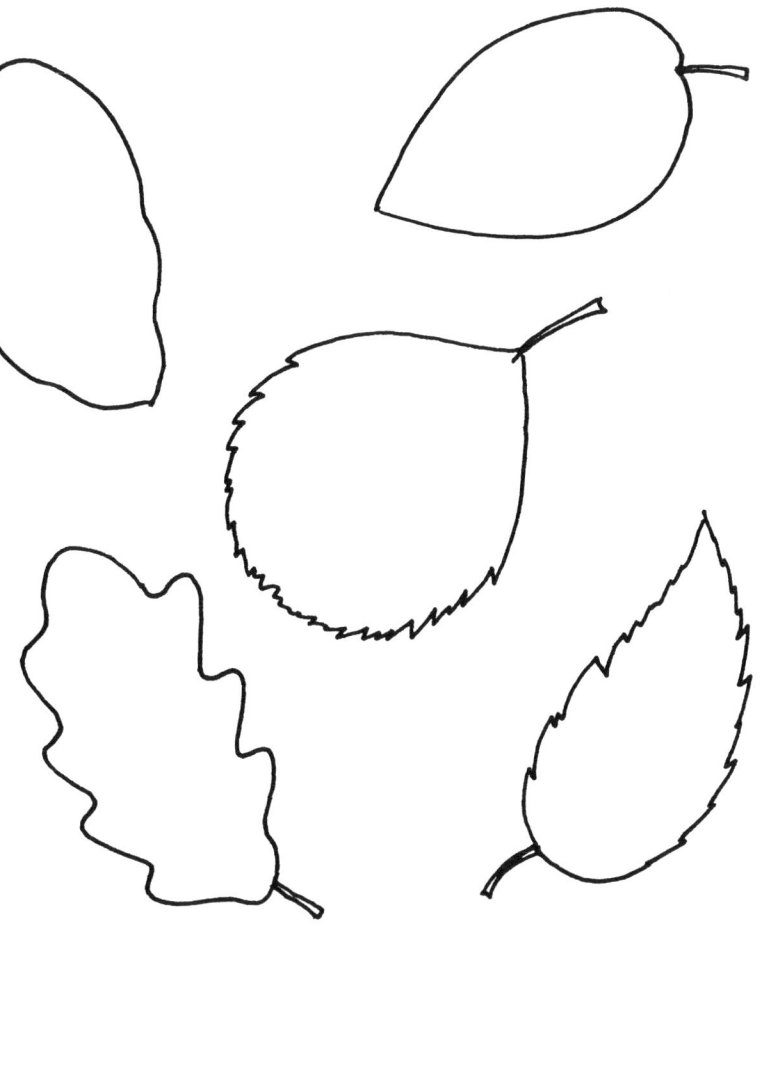

**Was machst du noch im Herbst?
Male oder schreibe auf.**

Drachensteigen

Die Augen sind hellblau.
Die Nase ist rot.
Der Mund ist orange.
Male den Drachen gelb aus.
Die Bänder am Drachen sind grün.
Male bunte Schleifen an den Schwanz.

Name:

Fundstücke im Herbst

Im Herbst kannst du bei einem Spaziergang im Wald oder im Park viele Dinge entdecken.

🌰 **Woher stammen diese Dinge? Wie heißen sie? Erzähle.**

🌰 **Kreise alle Früchte von Laubbäumen grün ein.**

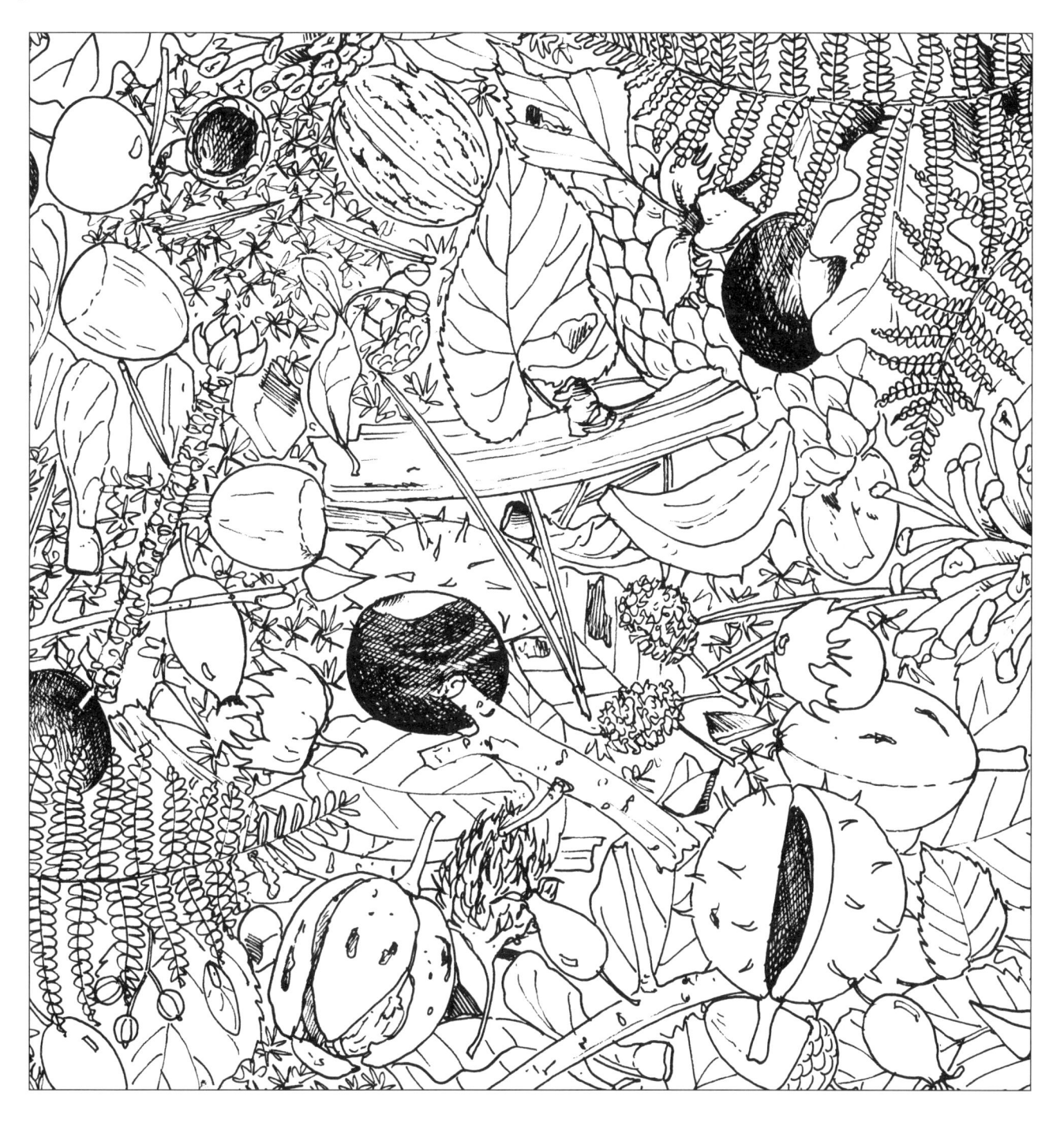

Name:

Baumfrüchte

Aus welchen Schalen sind diese Früchte herausgefallen?

✿ **Schneide die leeren Schalen und Becher aus und klebe sie über die passenden Früchte.**

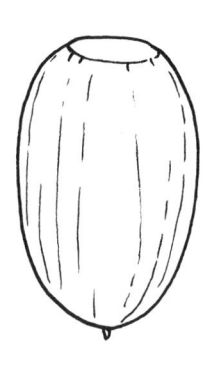

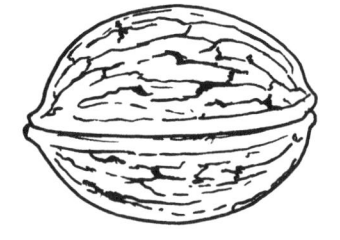

✂

46 Materialien für den Unterricht: Angelika Rehm, Herbst in der 1. und 2. Klasse © Hase und Igel Verlag, Garching b. München

Welche Früchte stecken in den Schalen?

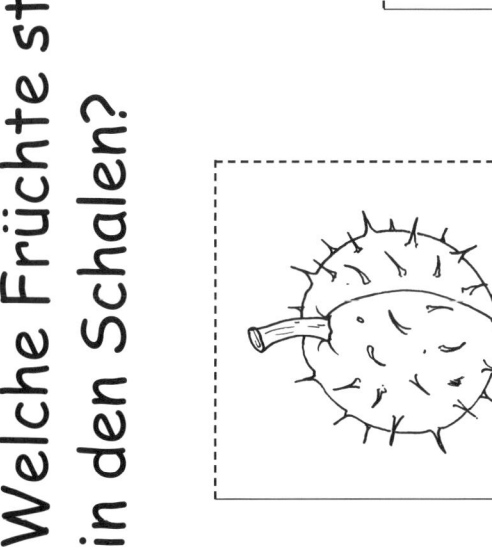

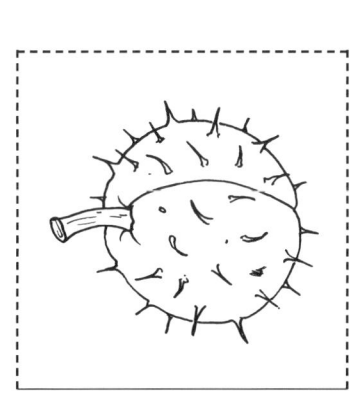

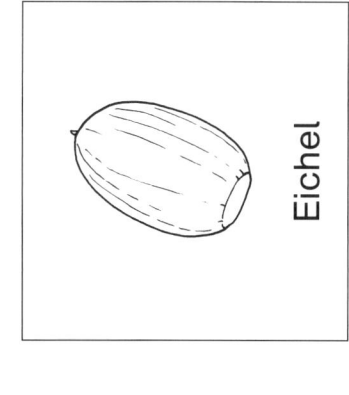

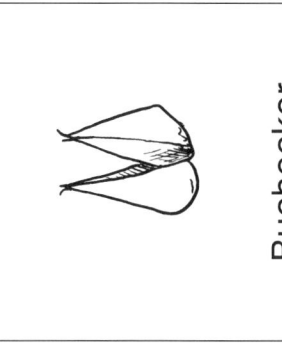

Walnuss

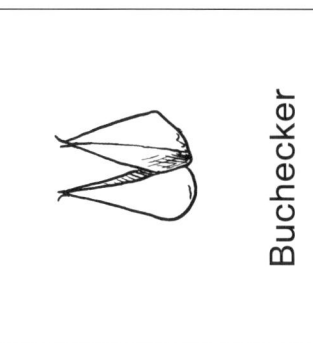

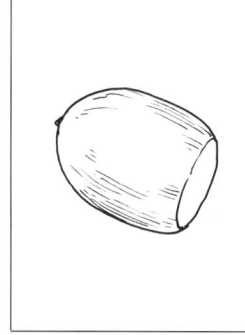

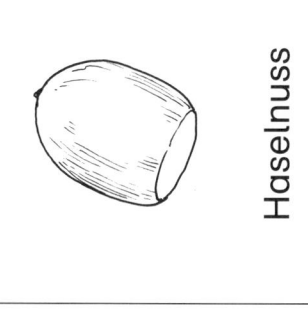

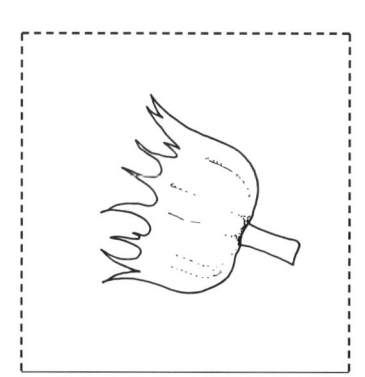

Eichel

Kastanie

Buchecker

Haselnuss

(untere Blatthälfte)

Name:

Der Tastbeutel

Du brauchst:
- eine Stofftasche
- verschiedene Baumfrüchte mit und ohne Schale: Kastanie, Eichel, Haselnuss, Walnuss, Buchecker …

So wird's gemacht:

1. Stecke die Baumfrüchte in den Beutel.
2. Fasse mit einer Hand in den Beutel, nimm eine Baumfrucht und taste sie ab.
3. Wie fühlt sich deine Frucht an? Kreuze an.
4. Weißt du auch, wie deine Frucht heißt? Schreibe auf.

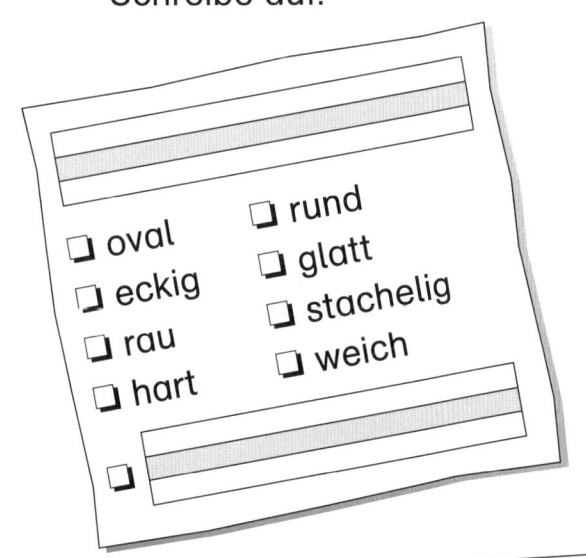

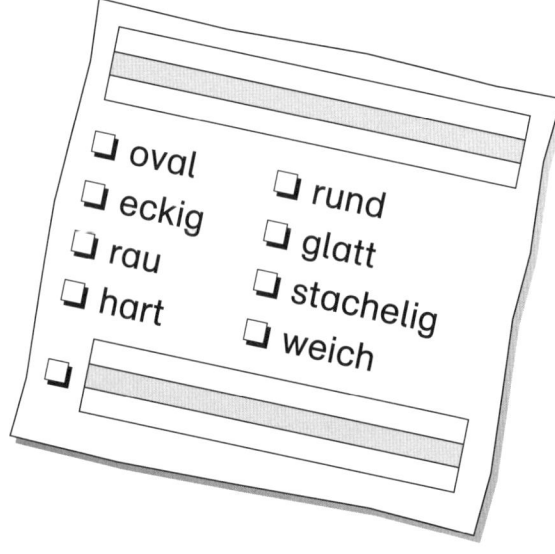

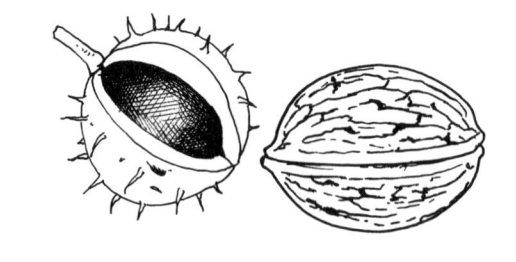

❏ oval   ❏ rund
❏ eckig ❏ glatt
❏ rau   ❏ stachelig
❏ hart   ❏ weich

❏ oval   ❏ rund
❏ eckig ❏ glatt
❏ rau   ❏ stachelig
❏ hart   ❏ weich

❏ oval   ❏ rund
❏ eckig ❏ glatt
❏ rau   ❏ stachelig
❏ hart   ❏ weich

Name:

Tic-Tac-Toe mit Baumfrüchten

Baumfrüchte kannst du gut als Spielsteine verwenden. Für dieses Spiel brauchst du einen Partner.

Du brauchst:
- das Spielfeld
- 5 Kastanien und 5 Eicheln als Spielsteine

So wird gespielt:

Jeder Spieler legt abwechselnd einen Spielstein auf ein Feld.
Wer hat als Erster 3 Steine in einer Reihe?

waagrecht

senkrecht

diagonal

Tipp: Wenn du mit einem Stöckchen je zwei waagrechte und zwei senkrechte Linien in weichen Boden kratzt, kannst du das Spiel (fast) überall spielen.

Name:

Früchtekette

Im Herbst findest du an Bäumen und Sträuchern viele Früchte, aus denen du eine Früchtekette basteln kannst.

Du brauchst:

- verschiedene Baum- und Strauchfrüchte: zB. Kastanie, Eichel, Ahornflügelfrucht, Hagebutten ...
- einen kleinen Handbohrer
- eine Sticknadel
- festen Faden

So wird's gemacht:

1. Suche die Früchte aus, die deine Früchtekette haben soll und lege sie vor dir der Reihe nach auf den Tisch.

2. Durchbohre harte Früchte wie Kastanien und Eicheln vorsichtig mit dem Handbohrer. Lass dir am besten dabei helfen!

3. Schneide vom Faden ein 80 cm langes Stück ab und fädle es in die Sticknadel.

4. Fädle nun alle Früchte der Reihe nach auf. Pass auf, dass die Früchte am anderen Ende nicht vom Faden fallen.

5. Ziehe die Nadel vom Faden und verknote die beiden Enden des Fadens.

Name:

Bäume und ihre Früchte

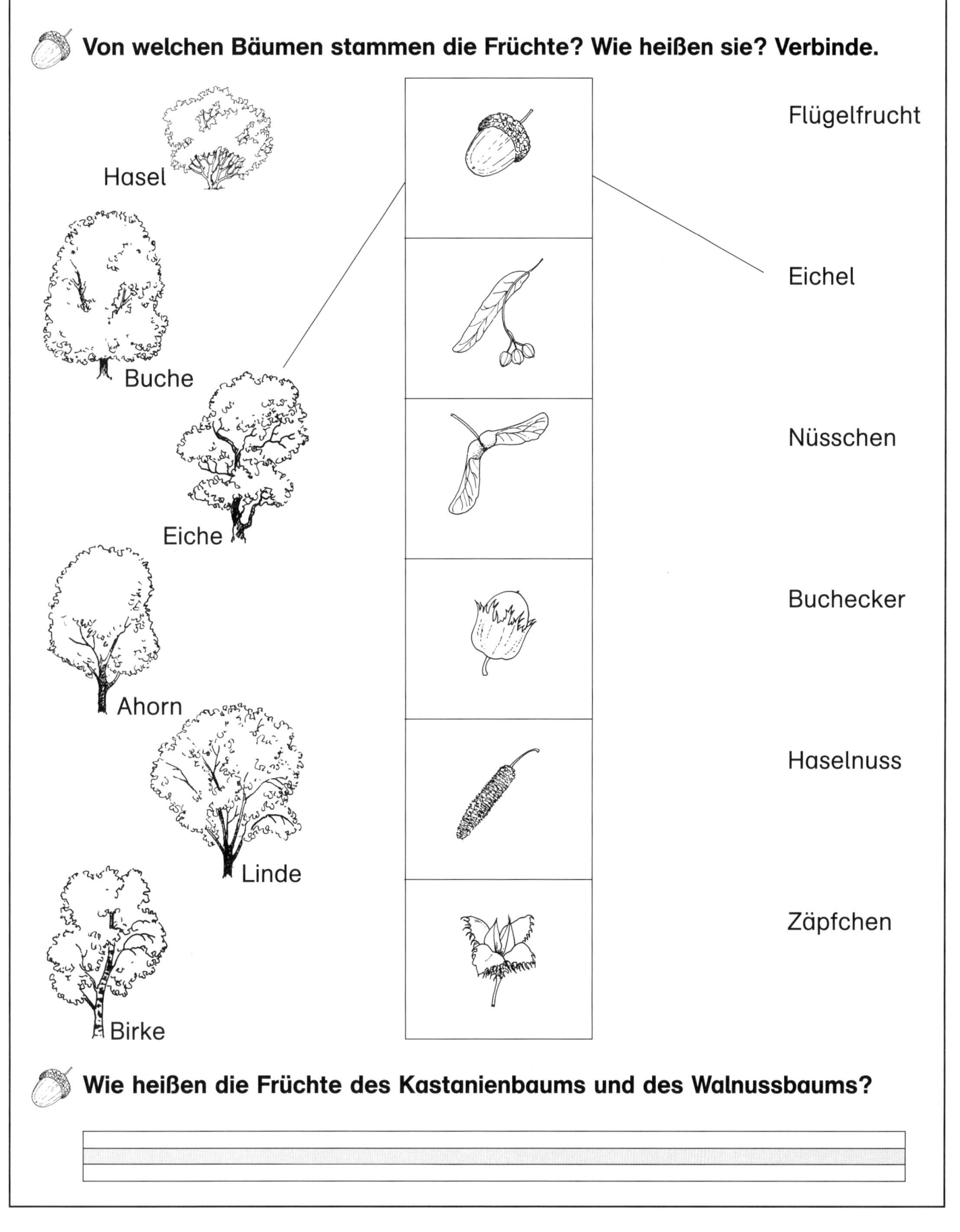

Von welchen Bäumen stammen die Früchte? Wie heißen sie? Verbinde.

Hasel

Buche

Eiche

Ahorn

Linde

Birke

Flügelfrucht

Eichel

Nüsschen

Buchecker

Haselnuss

Zäpfchen

Wie heißen die Früchte des Kastanienbaums und des Walnussbaums?

Name:

Die Verbreitung von Baumfrüchten

In allen Baumfrüchten stecken Samen, aus denen neue Bäume entstehen können. Diese Samen versuchen an einen Ort zu gelangen, wo sie ausreichend Platz zum Wachsen haben.

Lies die Texte aufmerksam.

Verbreitung durch den Wind	Verbreitung durch Tiere
Kleine und leichte Baumfrüchte haben oft eine Art Propeller oder Segel. Man nennt sie deshalb „Flugfrüchte". Der Wind kann diese Früchte an einen anderen Ort tragen. Dort fallen sie auf den Boden und können im folgenden Jahr keimen.	Eichhörnchen, Eichelhäher und Haselmaus legen sich für den Winter einen Vorrat an Baumfrüchten an. Sie sammeln diese und vergraben sie in der Erde. Früchte, die die Tiere im Winter nicht mehr finden, können im folgenden Jahr keimen.

Wie werden diese Früchte verbreitet? Schneide aus und klebe oben ein.

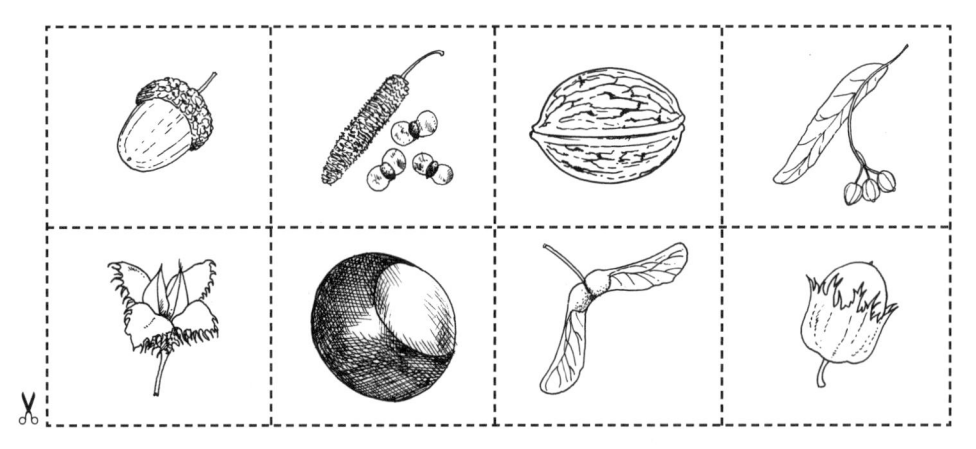

Name:

Wie Ahornsamen fliegen

Ahornsamen fliegen als Propellerflieger zu Boden.
Bau dir ein Modell und probiere es aus.

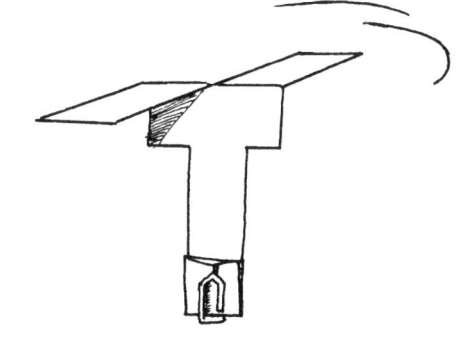

Du brauchst:
- die unten abgebildete Vorlage
- eine Büroklammer
- Schere

So wird's gemacht:

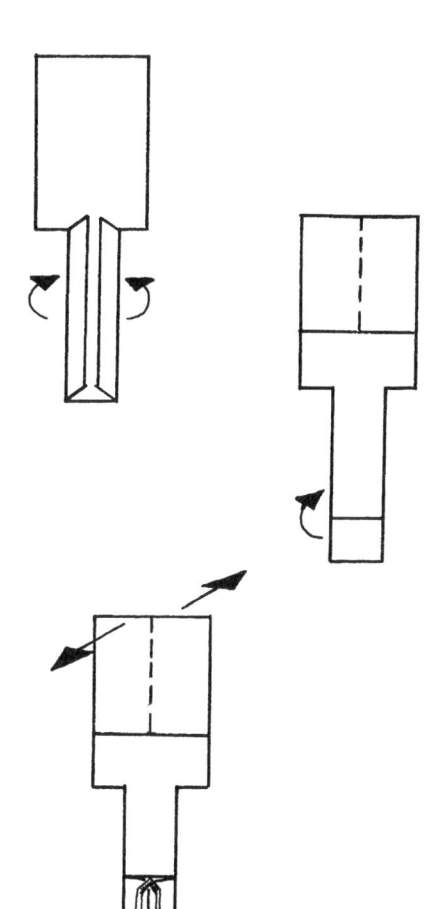

1. Schneide die unten abgebildete Vorlage aus.

2. Schneide die beiden kurzen Linien in der Mitte jeweils von außen ein. Klappe die beiden Seitenteile an den Linien nach vorne.

3. Knicke das untere Ende an der Linie nach oben. Stecke von unten eine Büroklammer über das Papier.

4. Schneide auf der anderen Seite die gestrichelte Linie ein. Falte die beiden Laschen entgegengesetzt nach vorne und nach hinten.

5. Wirf den Propellerflieger in die Luft und beobachte, wie er sich nach unten „schraubt".

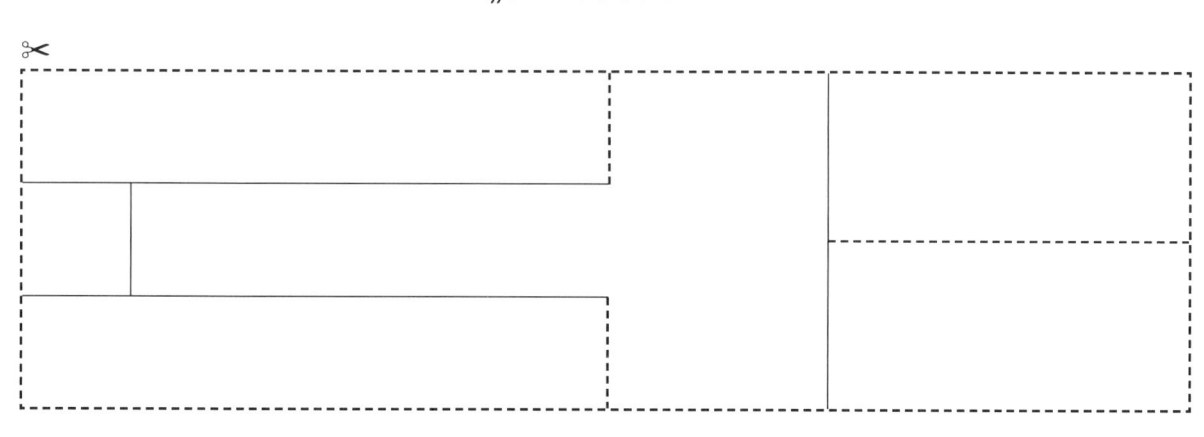

Name:

Wie Birkensamen fliegen

Die Zäpfchen der Birke bestehen aus vielen kleinen Nusssamen. Alle Samen haben zwei Tragflächen, sodass sie als Segelflieger zu Boden gleiten können.
Bau dir ein Modell und probiere es aus.

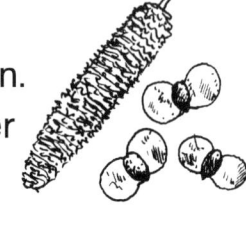

Du brauchst: 1 Blatt Papier (DIN A4)

So wird's gemacht:

1. Falte das Blatt an der schmalen Seite in der Mitte und klappe es wieder auf.

2. Falte die beiden oberen Ecken jeweils zur Mittellinie.

3. Klappe das so entstandene Dreieck nach unten, sodass die Spitze auf der Mittellinie liegt.

4. Drehe das Blatt um.

5. Falte wieder die beiden oberen Ecken jeweils zur Mittellinie.

6. Knicke die Spitze so nach unten, dass etwa 2 cm überstehen.

7. Stecke die überstehende Spitze nach innen unter die Querlasche.

8. Falte das Blatt an der Mittellinie zusammen und klappe die Flügel auf beiden Seiten nach außen.

9. Lege den Flieger quer vor dich auf den Tisch: Falte den Flügel vom Rand etwa 2 cm zur Mitte und nochmals 1 cm zum Rand zurück.

10. Greife den Segelflieger in der Mitte und lasse ihn schweben.

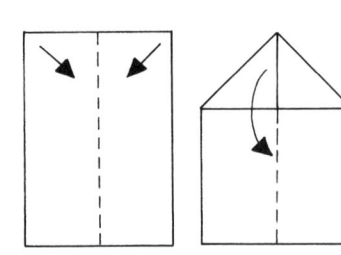

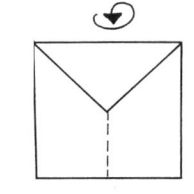

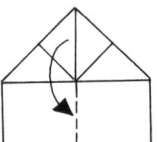

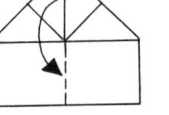

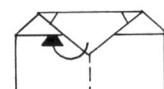

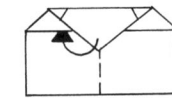

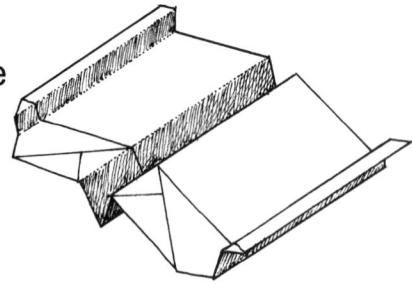

Früchte und Blätter

Verbinde Früchte und Blätter, die vom gleichen Baum stammen.

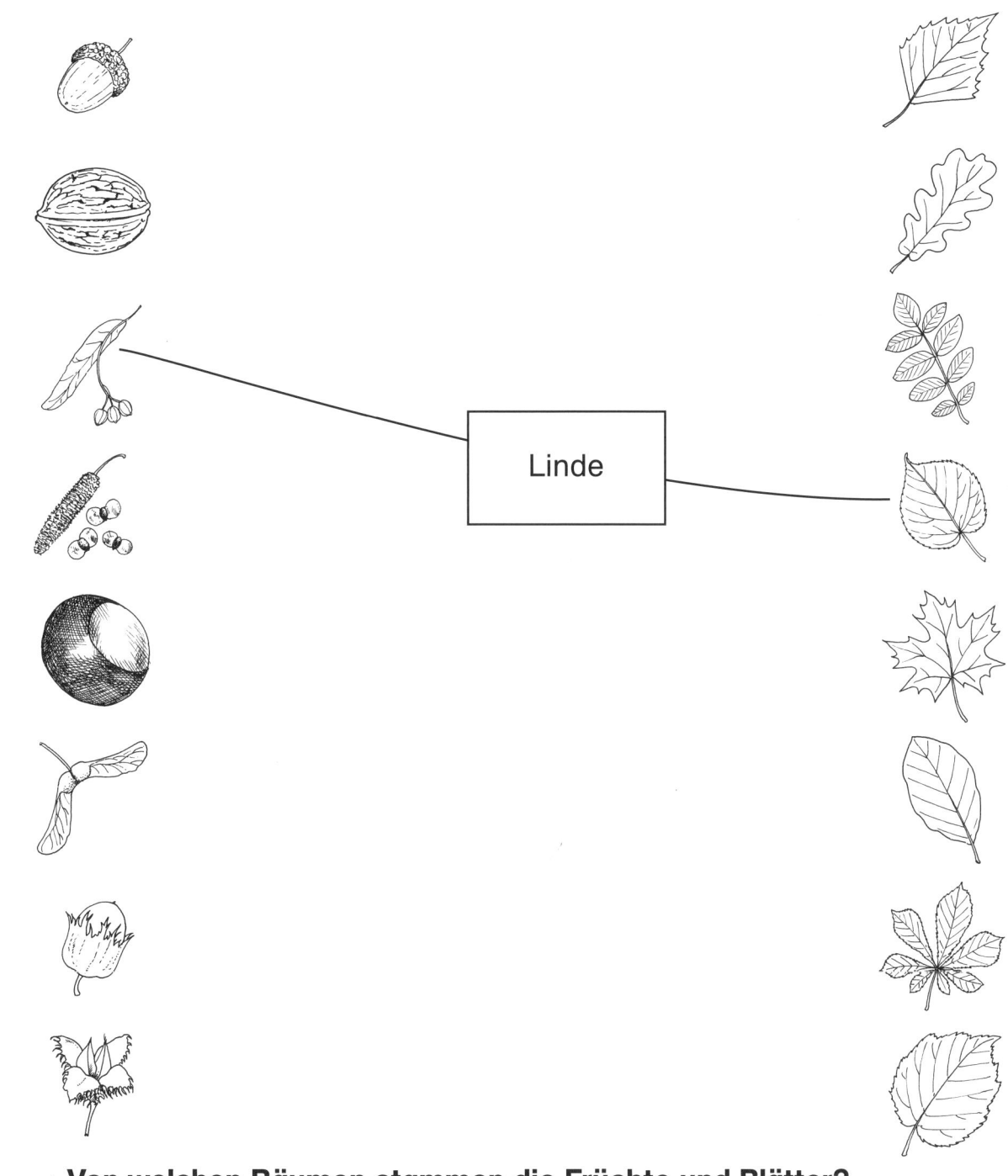

Linde

**Von welchen Bäumen stammen die Früchte und Blätter?
Schneide die Wortkarten aus und klebe sie auf die passende Linie.**

| Walnuss | Kastanie | Buche | Eiche | Hasel | Birke | Ahorn |

Name:

Schöne Blätter

In der Natur gibt es viele schöne Dinge, die wir oft gar nicht bewusst sehen. Schau dir doch mal ein Blatt genauer an und zeichne es dann ab.

Zeichne dieses Blatt möglichst genau ab.

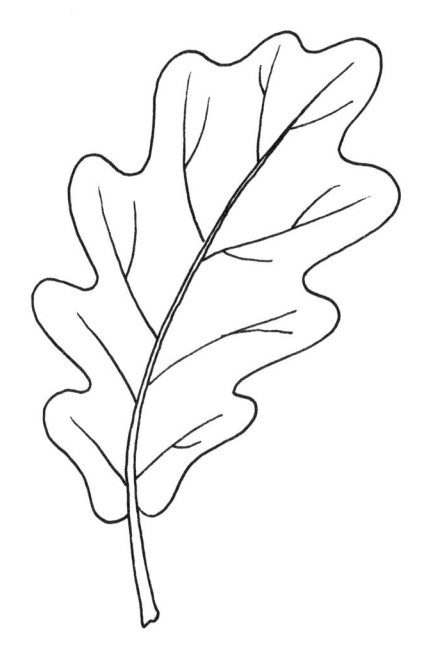

Nimm ein gepresstes Blatt und klebe es sorgfältig in den linken Rahmen. Zeichne es in den rechten Rahmen ab und male es anschließend aus.

Name:

Jedes Blatt ist anders!

Schau dir die Form und das Aussehen des Randes einiger Blätter mal genauer an.

Blattform

herzförmig
gefiedert
gefingert   rund
eiförmig   dreieckig

Blattrand

glatt
gebuchtet   gewellt
gezähnt
gesägt

Beschreibe die Form und das Aussehen des Randes dieser Blätter. Verwende die oben stehenden Wörter.

Name:

Wir zeichnen Blätter

Zeichne die zweite Hälfte dazu.
Male die Blätter dann in herbstlichen Farben aus.

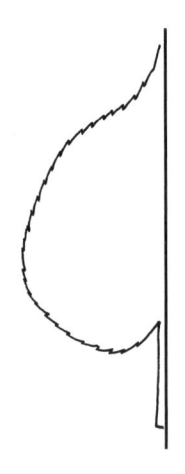

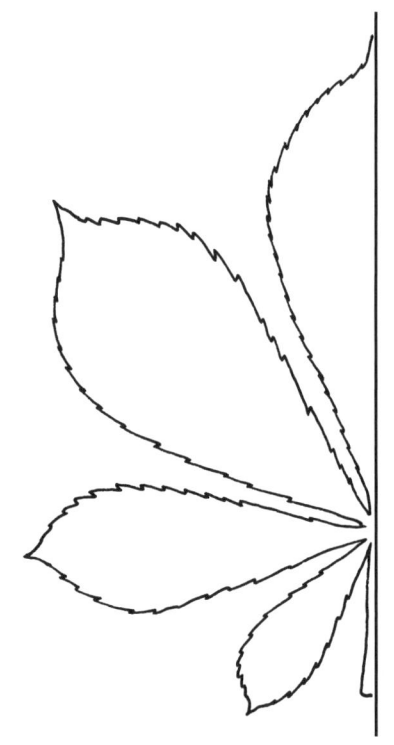

Weißt du, von welchen Bäumen die Blätter stammen? Schreibe auf.

Name:

Wir pressen Blätter

Wenn du Blätter presst, sind sie länger haltbar.
Mit gepressten Blättern kannst du viele Dinge basteln.

Du brauchst: • Blätter von Laubbäumen
• altes Zeitungspapier
• dicke und schwere Bücher

So wird's gemacht:

1. Lege 2 bis 3 Bögen Zeitungspapier etwa in der Größe eines DIN-A4-Blattes auf dem Tisch aus.

2. Breite einige Blätter sorgfältig darauf aus. Pass auf, dass sie sich nicht überlappen oder gefaltet sind. Lege einige Bögen Zeitungspapier darüber.

3. Lege nun wieder einige Blätter darauf und decke sie ebenfalls ab. Wiederhole dies so lange, bis du alle Blätter im Zeitungspapier verstaut hast.

4. Gib zum Schluss noch ein paar Bögen Zeitungspapier darauf und beschwere den Stapel mit dicken Büchern.

5. Nach spätestens 5 Tagen sind die Blätter ausreichend getrocknet. Nimm sie vorsichtig aus dem Zeitungspapier heraus. Jetzt kannst du sie weiterverarbeiten.

So geht's auch:

Nimm ein altes Telefonbuch und lege die Blätter ordentlich zwischen die Seiten. Es sollten immer mindestens zehn Seiten zwischen den Blättern sein. Beschwere das Telefonbuch zum Schluss mit Büchern.

Name:

Blättertiere

Mit gepressten Blättern kannst du Tiere legen.

Schau dir dieses Bild an. Welche Blätter wurden dafür verwendet?

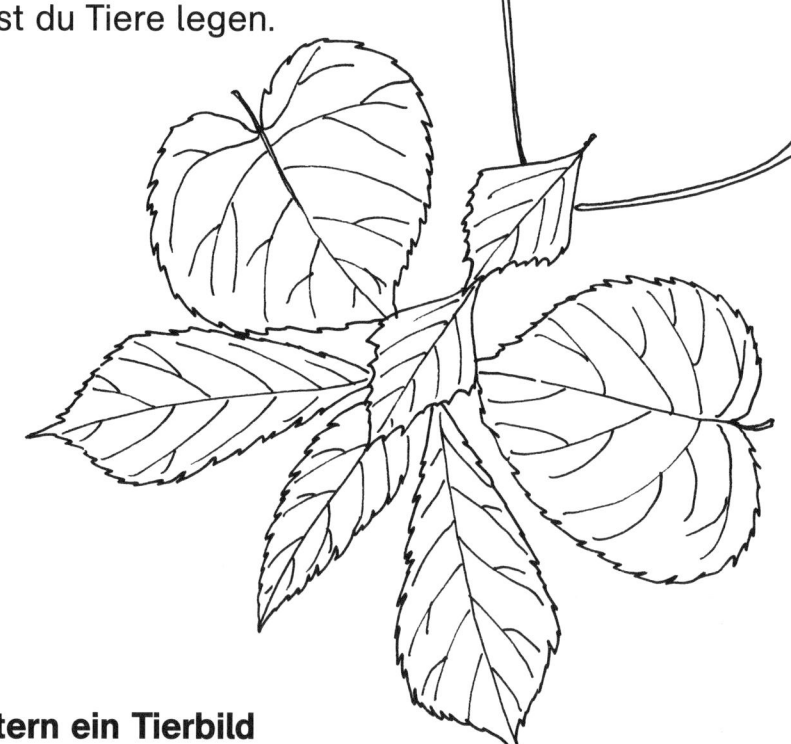

Lege mit gepressten Blättern ein Tierbild und klebe es hier auf.

Name:

Wir basteln ein Blätter-Memory

Bringe die Sätze in die richtige Reihenfolge. Trage die Zahlen von 1 bis 6 ein.

	Zum Schluss schreibe ich zu jedem Blatt den Namen des Baums.	☐
	Ich hole die trockenen Blätter aus der Presse und klebe jedes Blatt auf eine Karte.	☐
	Zuerst sammle ich von fünf verschiedenen Bäumen mehrere Blätter.	1
	Dann schneide ich zehn gleich große Karten aus Tonpapier.	☐
	Zu Hause suche ich immer zwei schöne Blätter vom gleichen Baum aus.	☐
	Diese Blätter lege ich zwischen Zeitungspapier und presse sie.	☐

Schreibe die Sätze in der richtigen Reihenfolge ab.

Bastle das Blätter-Memory nach dieser Anleitung.

Fensterbild „Herbstblatt"

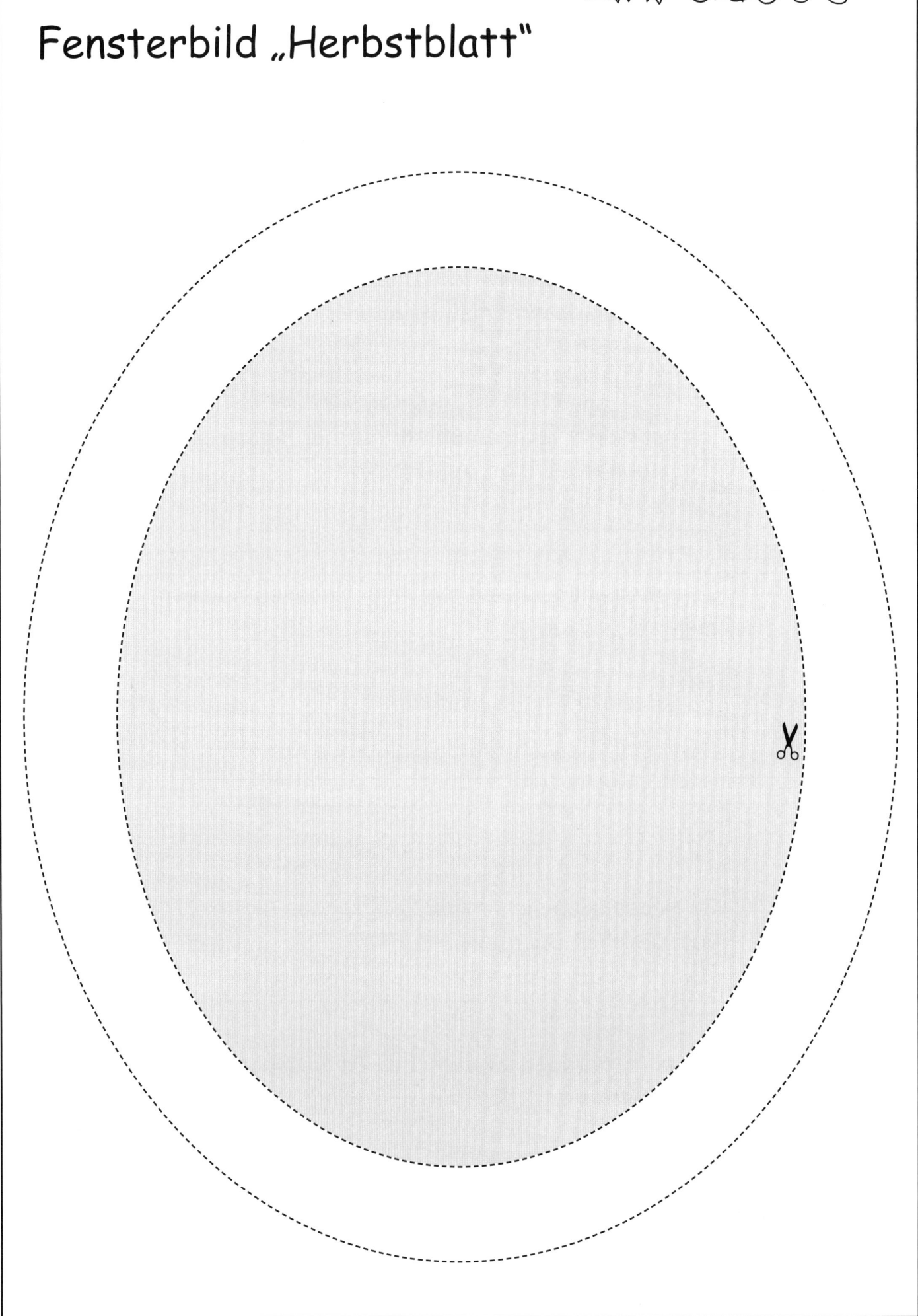

Name:

Buntes Herbstlaub

Im Herbst werden die Blätter bunt. Doch woher kommen die Farben? Probiere aus, wie sich die Blätter im Herbst verfärben.

Du brauchst:

- Wachsmalkreiden in Gelb, Orange und Grün
- Schaber

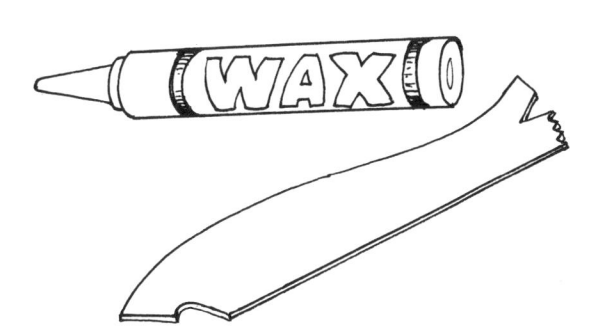

So wird's gemacht:

1. Male das Blatt mit gelber und oranger Wachsmalkreide an.
2. Male darüber eine Schicht mit grüner Wachsmalkreide.
3. Nimm den Schaber und kratze das Grün stellenweise wieder ab.
4. Jetzt siehst du die darunterliegende Farbe wieder. Dasselbe passiert, wenn der Baum das Blattgrün aus den Blättern herauszieht.

Schneide das Blatt aus und klebe es ans Fenster.

Ihr Blätter, wollt ihr tanzen?

Text und Melodie: volkstümlich

1. „Ihr Blät-ter, wollt ihr tan-zen?", so rief im Herbst der Wind.
„Ja, ja, wir wol-len tan-zen, ja, ja, wir wol-len tan-zen,
komm, hol uns nur ge-schwind."

2. Da fuhr er durch die Äste
und pflückte Blatt um Blatt.
„Nun ziehen wir zum Feste,
nun ziehen wir zum Feste,
nun tanzen wir uns satt."

Im Herbst (1)

Text: Dieter Rehm
Musik: Kurt Röhrig

1. Im Herbst, da fallen bunte Blätter gold-gelb schwebend durch die Luft,
und kühl und grauer wird das Wetter, schläfrig wird der Erde Duft.

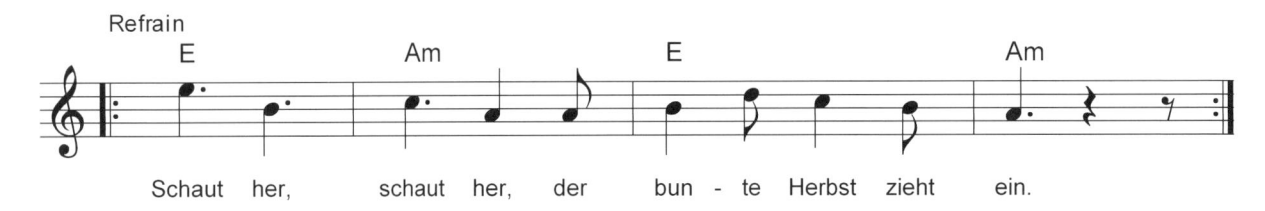

Refrain
Schaut her, schaut her, der bunte Herbst zieht ein.

2. Im Herbst, da liegen strupp'ge Felder,
   Äcker ruh'n im Nebeldampf,
   und traurig stehen Bäum' und Wälder
   dumpf, wie nach verlor'nem Kampf.
   Schaut her, schaut her, der bunte Herbst zieht ein.

3. Im Herbst verkriecht sich das Murmeltier
   und Hamster geh'n ins Erdenreich.
   Auch hat der Dachs nun sein Quartier
   und ruhig wird es jetzt am Teich.
   Schaut her, schaut her, der bunte Herbst zieht ein.

4. Im Herbst, da ziehen die Vogelschwärme
   südwärts in das Sonnenlicht.
   Sie suchen Futter und die Wärme
   und kehren heim, wenn der Lenz anbricht.
   Schaut her, schaut her, der bunte Herbst zieht ein.

Im Herbst (2)

Text: Dieter Rehm
Musik: Kurt Röhrig

1. Im Herbst, da fal - len bun - te Blät - ter gold - gelb schwe - bend durch die Luft,
und kühl und grau - er wird das Wet - ter, schläf - rig wird der Er - de Duft.

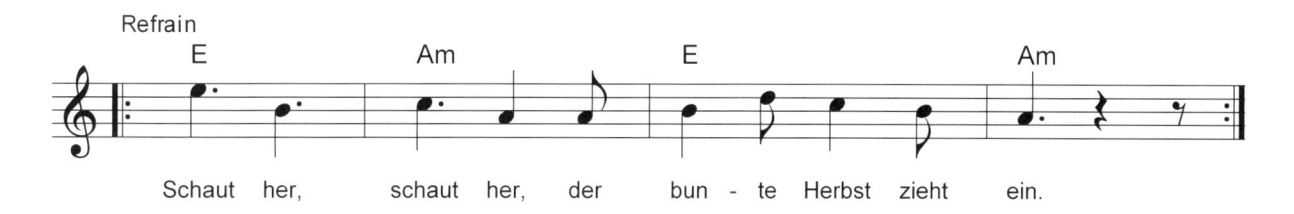

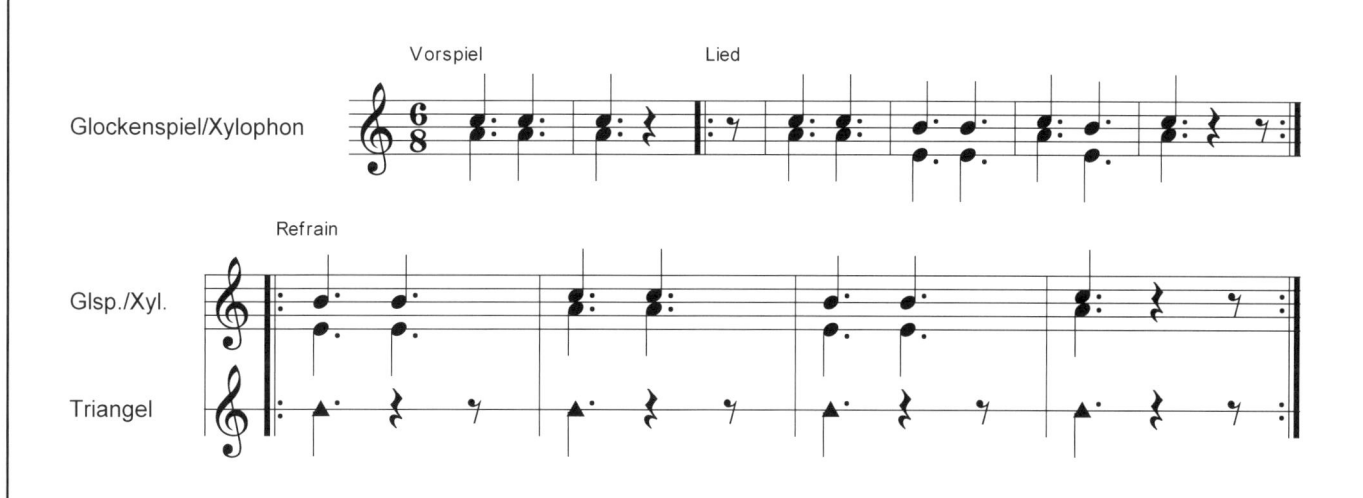

Refrain
Schaut her, schaut her, der bun - te Herbst zieht ein.

Glockenspiel/Xylophon

Glsp./Xyl.

Triangel

Laubbaum-Terzett (1)

A1	A2	A3
B1	B2	B3
C1	C2	C3

Laubbaum-Terzett (2)

D1	D2	D3
E1	E2	E3
F1	F2	F3

Laubbaum-Terzett (3)

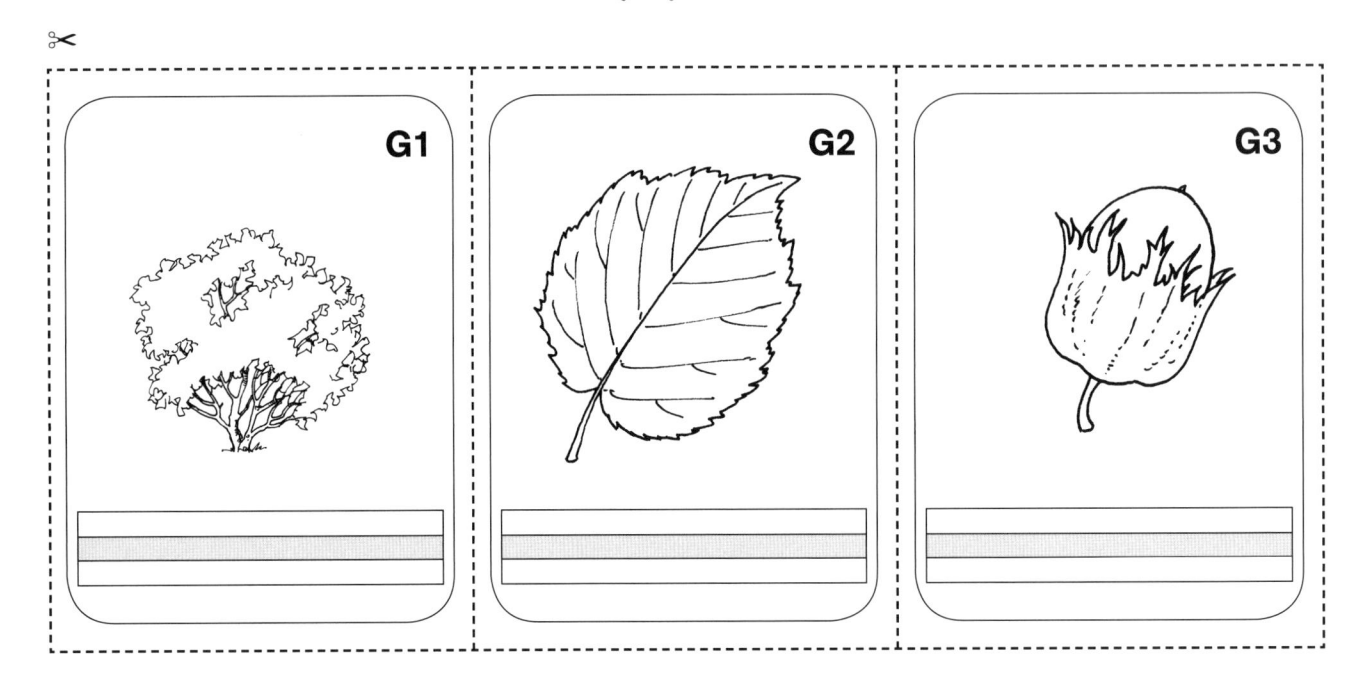

G1　　　　　　　　G2　　　　　　　　G3

Blätter und Früchte von Laubbäumen (1)

Blätter und Früchte von Laubbäumen (2)

Herbstspaziergang

START

Buche

Hasel

Igel

Walnuss

| ? | Ziehe eine Fragekarte. Rücke zwei Felder vor, wenn du die Antwort weißt. |

| Bild | Rücke auf das Feld, auf dem das zum Bild passende Wort – ein Baum- oder Tiername – steht. |

Hier Seite 72 ankleben.

Schwalbe ? ZIEL

? Linde

Kastanie ?

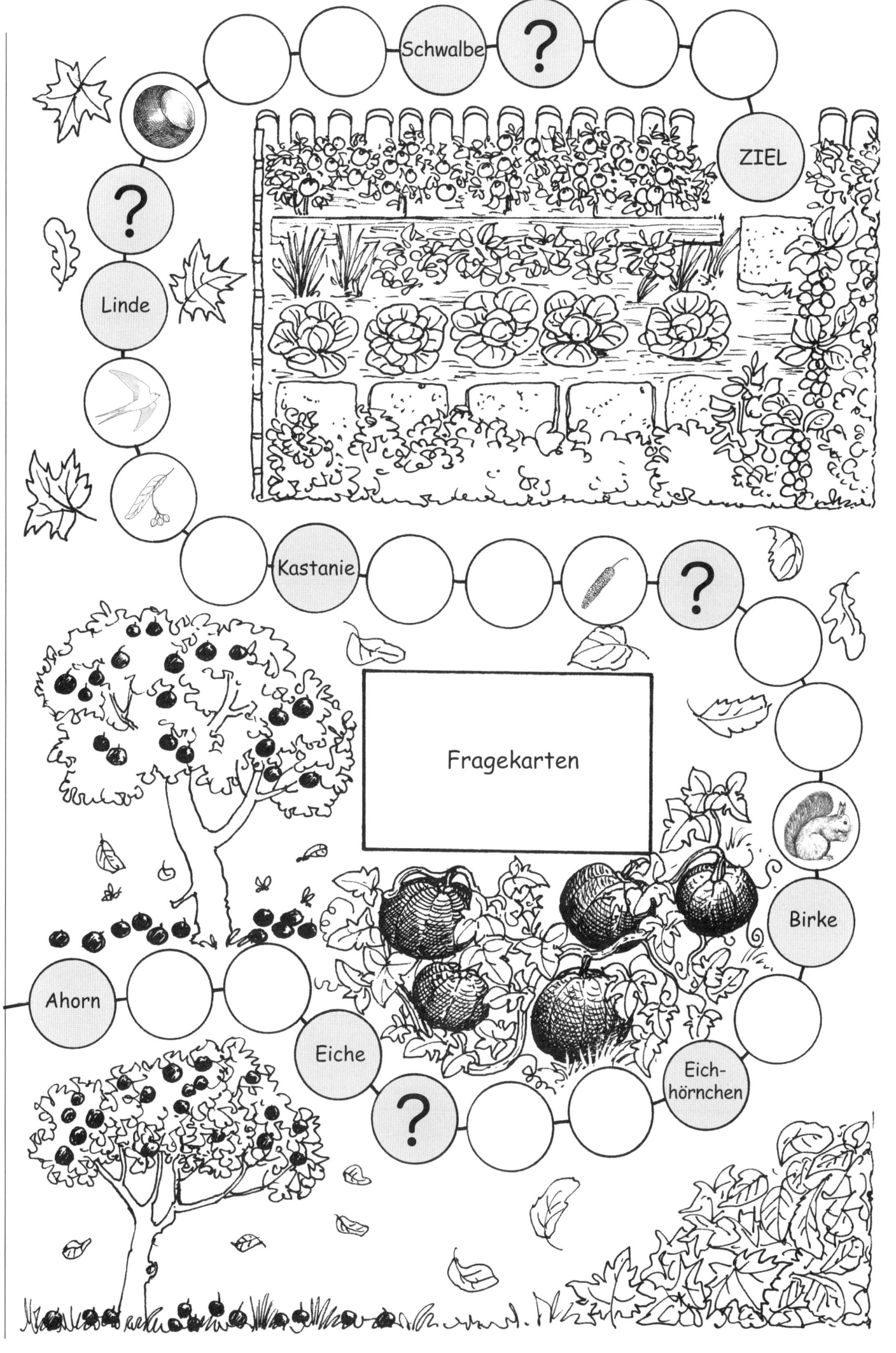

Fragekarten

Birke

Ahorn Eiche ? Eich-hörnchen

Fragekarten (1)

| Wann ist Herbstanfang? | Wann ist Winteranfang? | An welchem Herbstfest danken wir für die Ernte? |

| An welchem Herbstfest ziehen Kinder mit Laternen durch die Straße? | An welchem Datum ist das Sankt-Martins-Fest? | Welche Jahreszeit folgt auf den Herbst? |

| An welchem Datum ist Halloween? | Nenne die Monate, die zum Herbst gehören. | Welche Baumfrucht hat eine stachelige Schale? |

| Welche Baumfrucht sieht wie ein Propeller aus? | Von welchem Baum fliegt die Frucht als Segelflieger zu Boden? | Was passiert im Herbst mit den Blättern der Laubbäume? |

| Wie werden „Flugfrüchte" verbreitet? | Wie kannst du Laubblätter haltbar machen? | Nenne zwei Laubbäume. |

| Wie heißt die Frucht der Buche? | Nenne ein Tier, das Winterschlaf hält. | Wie bereitet sich das Eichhörnchen auf den Winter vor? |

| Wie nennen wir Vögel, die den Winter im Süden verbringen? | Nenne ein Tier, das auch im Winter unterwegs ist. | Wie verbringt das Eichhörnchen den Winter? |

Fragekarten (2)

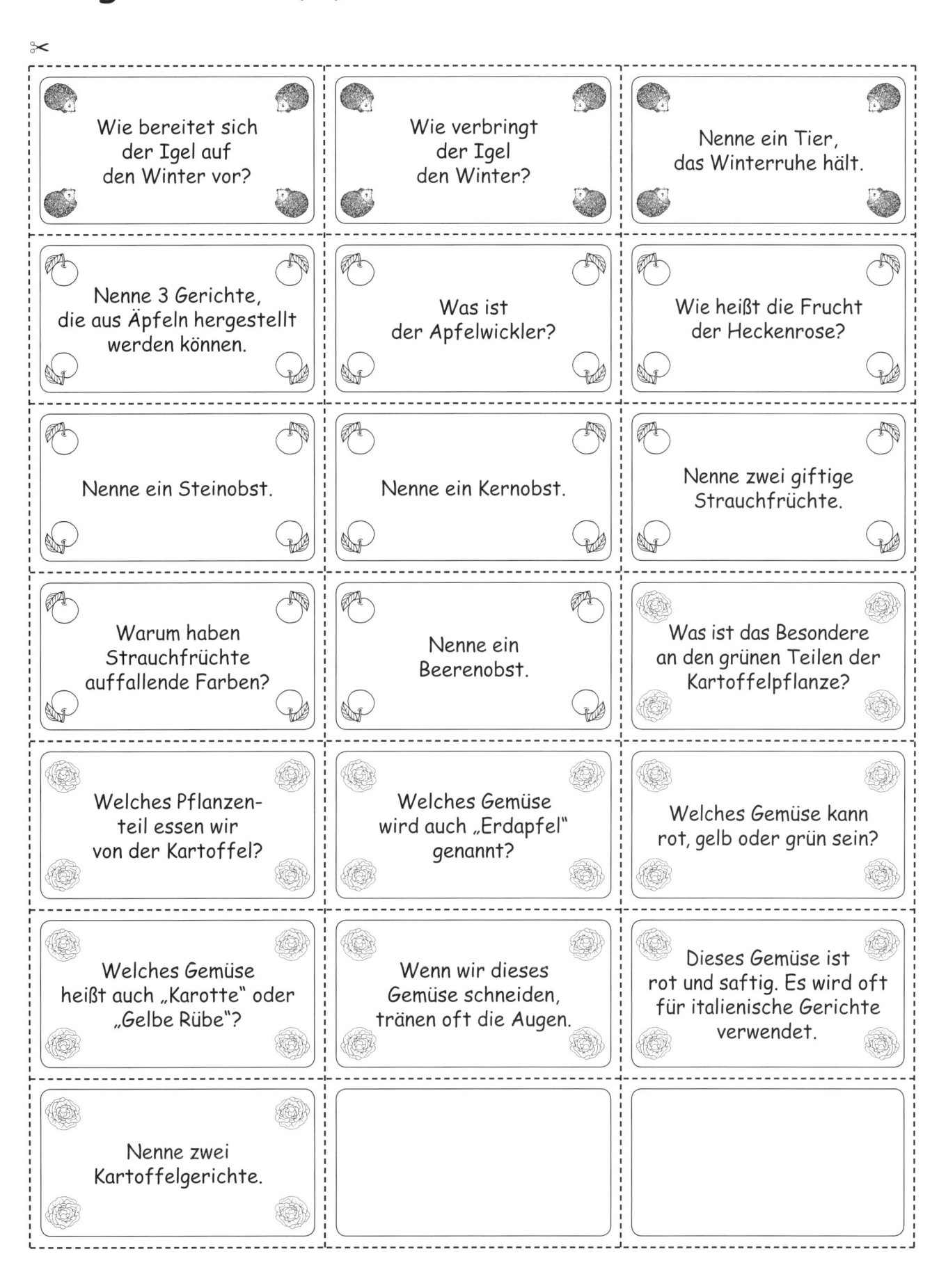

Wie bereitet sich der Igel auf den Winter vor?	Wie verbringt der Igel den Winter?	Nenne ein Tier, das Winterruhe hält.
Nenne 3 Gerichte, die aus Äpfeln hergestellt werden können.	Was ist der Apfelwickler?	Wie heißt die Frucht der Heckenrose?
Nenne ein Steinobst.	Nenne ein Kernobst.	Nenne zwei giftige Strauchfrüchte.
Warum haben Strauchfrüchte auffallende Farben?	Nenne ein Beerenobst.	Was ist das Besondere an den grünen Teilen der Kartoffelpflanze?
Welches Pflanzenteil essen wir von der Kartoffel?	Welches Gemüse wird auch „Erdapfel" genannt?	Welches Gemüse kann rot, gelb oder grün sein?
Welches Gemüse heißt auch „Karotte" oder „Gelbe Rübe"?	Wenn wir dieses Gemüse schneiden, tränen oft die Augen.	Dieses Gemüse ist rot und saftig. Es wird oft für italienische Gerichte verwendet.
Nenne zwei Kartoffelgerichte.		

3. Kapitel: Tiere bereiten sich auf den Winter vor

Vorbemerkung

Zahlreiche Tiere, die die Kinder im Sommer in ihrer Umgebung beobachten können, sind im Winter nicht zu sehen. Wie überstehen sie die kalte Jahreszeit? An ausgewählten Tieren aus dem kindlichen Erfahrungsbereich lernen die Schüler verschiedene Überwinterungsstrategien kennen. Mit dem Igel und dem Eichhörnchen wurden zwei Tiere aus dem Lebensraum Hecke gewählt, die aufgrund ihrer äußeren Erscheinung die Kinder ganz besonders ansprechen. Darüber hinaus werden Zugvögel und winteraktive Tiere im Überblick vorgestellt.

Lehrplanbezug

Sachunterricht
- Jahreszeiten kennen und bewusst erleben
- Leben mit der Natur: Lebensweise und Überwinterungsstrategie einzelner Tiere

Kunsterziehung/Werken
- Tiere in ihrer Umgebung: Aussehen, Bewegung, Verhalten, Lebensraum

Deutsch
- Tiere beschreiben

Musikerziehung
- Altersgemäße Lieder zum Herbst singen

Zu den Kopiervorlagen

KV Seite 81 **Tiere im Winter**

Auf dieser Kopiervorlage erhalten die Kinder einen Überblick über die verschiedenen Überwinterungsstrategien von Tieren und lernen jeweils ein Beispiel kennen. Der Begriff „Durchhalter" für winteraktive Tiere sollte zuvor im Unterrichtsgespräch geklärt werden.

Lösung

Das **Eichhörnchen** hält Winterruhe.
Die **Schwalbe** ist ein Zugvogel und fliegt in den Süden.
Der **Igel** hält Winterschlaf.
Der **Feldhase** ist auch im Winter aktiv.
Der **Frosch** verfällt in Kältestarre.

Jede dieser Strategien wird auf den nachfolgenden Kopiervorlagen genauer beschrieben. Nur auf die Kältestarre, einen bewegungslosen Zustand bei wechselwarmen Tieren wie Schlangen, Eidechsen, Fröschen, Kröten usw., wird nicht näher eingegangen, da diese Tiere sich zum einen nicht speziell auf den Winter vorbereiten und sie sich zum anderen (in der Regel) nicht im alltäglichen Erfahrungsbereich der Kinder befinden.

> **Überwinterungsstrategien**
> Der Winter ist für frei lebende Tiere eine ungünstige Jahreszeit. Deshalb haben sie folgende Strategien entwickelt, um sich an die Kälte und den Nahrungsmangel anzupassen bzw. diesen schwierigen Bedingungen auszuweichen: Winterschlaf, Winterruhe und Kältestarre. Winteraktive Tiere, auch „Durchhalter" genannt, passen ihr Fell den niedrigen Temperaturen an und versuchen trotz der Kälte ausreichend Nahrung zu finden. Zugvögel fliehen in den warmen Süden und weichen der Kälte aus.

KV Seite 82 **Der Igel**

Mithilfe des Puzzlebilds lernen die Kinder das Aussehen des Igels kennen. Sie setzen das Puzzlebild zusammen und kleben es auf ein Blatt. Anschließend kleben sie die Kärtchen mit den Bezeichnungen der Körperteile an die richtige Stelle.

So lebt der Igel
Seite 83/84

Aus dem Text auf Seite 83 können die Kinder wichtige Informationen zur Lebensweise des Igels entnehmen: Lebensraum, Nahrung, Aussehen (Stachelkleid), Feinde, Nachwuchs. Das Arbeitsblatt auf Seite 84 dient der Überprüfung des Textverständnisses. Die Kinder kreuzen richtige Aussagen an.

Lösung Seite 84
WINTERSCHLAF

Weitere Anregung
Die Kinder können sich zusätzlich weitere Informationen über den Igel in Lexika, Sachbüchern, Informationsbroschüren oder dem Internet beschaffen. Bei „Pro Igel, Verein für integrierten Naturschutz Deutschland e.V." sind Broschüren und Merkblätter sowie Plakate und Aufkleber gegen eine geringe Gebühr erhältlich.

Pro Igel e.V. – Geschäftsstelle
Lilienweg 22
D-24536 Neumünster
Telefon: 0180/5555 9555
Telefax: 04321/939479
Internet: *www.pro-igel.de/*

Winterschlaf

Tiere, die Winterschlaf halten, fressen sich im Sommer und im Herbst eine dicke Fettschicht an, von der sie während des Winters zehren. Im Herbst suchen sie sich einen geeigneten Unterschlupf, wo sie in einen tiefen Schlaf fallen. Während dieses mehrere Monate dauernden Ruhezustands werden die Körperfunktionen (Atmung, Körpertemperatur und Herzschlag) auf ein lebensnotwendiges Minimum reduziert. Sie zehren in dieser Zeit von ihrem Fettvorrat, der bis zum Frühling stark abnimmt.

Winterschläfer sind z. B. der Igel, die Haselmaus, der Siebenschläfer, das Murmeltier und die Fledermaus.

Der Igel hält Winterschlaf
Seite 85

Am Beispiel des Igels lernen die Kinder die Überwinterungsstrategie Winterschlaf kennen. Sie tragen die fehlenden Wörter an den passenden Stellen in den Lückentext ein.

Der Igel im Winterschlaf – Versuche
Seite 86

Die Experimente sollen den Kindern eine Vorstellung davon vermitteln, wie sich das Gewicht und die Körperfunktionen des Igels während des Winterschlafs verändern. Die Versuche können im Rahmen eines Lernzirkels zu den Themen Igel oder Winterschlaf als eigene Stationen angelegt werden, bei denen die Kinder in Partnerarbeit jeweils einen Versuch durchführen.

Benötigtes Material:
Gewicht: 1 kg Sand (z. B. Vogelsand), Küchenwaage
Körpertemperatur: Fieberthermometer, warmes Wasser, kaltes Wasser, Schüssel, Haushaltsthermometer
Herzschlag/Puls: Uhr
Atmung: Uhr

Igel
Seite 87

Die leere Igelvorlage kann unterschiedlich eingesetzt werden.
Einige Vorschläge:
- Die Kinder schreiben in Stichworten ihr Wissen über den Igel auf.
- Die Schüler schreiben ein Gedicht (z. B. ein Elfchen) über den Igel.
- Die Igelvorlage wird auf Tonpapier kopiert bzw. übertragen, ausgeschnitten und mit gepressten Blättern beklebt.

Ein Eichhörnchen erzählt
Seite 88

Dieser Text ist als Anregung für eine Lehrererzählung bzw. als aktive Vorlesegeschichte gedacht. Er ist als Gespräch zwischen einem Eichhörnchen und den Schülern angelegt, wobei die Schüler mit ihren Antworten vorgegebene Bewegungen oder Dinge beschreiben bzw. Vermutungen anstellen sollen. Gleichzeitig erhalten die Kinder einen Überblick über die Lebensweise, die Nahrung, das Nest und den Winterschlaf des Eichhörnchens.

Idealerweise zeigen Sie während des Vortrags ein Eichhörnchen als Stofftier, Finger- oder Handpuppe, das als Identifikationsfigur dient. Alternativ ist es möglich, auf dem Tageslichtprojektor – dem Text entsprechend – ein Bild eines Eichhörnchen an einem Baumstamm nach oben und unten „laufen" zu lassen. Die angesprochenen Baumfrüchte sollten auf jeden Fall vorhanden sein. Sie können an dieser Stelle, soweit bereits im Unterricht behandelt, wiederholt werden.

Dieser Text kann als Vorbereitung für die Bearbeitung der Kopiervorlagen „So kommt das Eichhörnchen durch den Winter" (Seite 89/90) dienen, da die Kinder die zentralen Inhalte hier erfahren.

So kommt das Eichhörnchen durch den Winter
KV Seite 89/90

Im Anschluss an die Vorlesegeschichte „Ein Eichhörnchen erzählt" (Seite 88) können bereits Kinder des ersten Schuljahrs die Kopiervorlage auf Seite 89 bearbeiten: Sie schneiden die Bildkarten von Seite 90 aus und kleben sie in der richtigen Reihenfolge auf. Anschließend ergänzen sie die passenden Sätze. Zur Differenzierung können leistungsstärkere Schüler selbstständig einen Satz zu jedem Bild schreiben.

Winterruhe

Tiere, die den Winter in Winterruhe verbringen, legen sich im Herbst einen Nahrungsvorrat für den Winter an. Sie verschlafen zwar die meiste Zeit, können jedoch an wärmeren Tagen aufwachen und fressen sich dann an ihrem Vorrat wieder satt. Im Gegensatz zu den Winterschläfern sinkt ihre Körpertemperatur kaum ab und auch der Stoffwechsel bleibt normal.

Winterruher sind z.B. das Eichhörnchen, der Dachs, der Feldhamster, der Maulwurf und der Braunbär.

Das Eichhörnchen
KV Seite 91

Auf dieser Kopiervorlage lernen die Kinder das Aussehen des Eichhörnchens kennen. Sie ergänzen die Körperteile bei den passenden Adjektiven bzw. Umschreibungen. Die Geheimschrift dient dabei als Hilfe. Schließlich verbinden sie die Wörter mit den Körperteilen.

Lösung
buschiger Schwanz; weißer Bauch; kurze Vorderbeine; kräftige Hinterbeine; spitze Krallen; Ohren mit Pinselhaaren; rotbraunes Fell; Nase mit Tasthaaren; scharfe Zähne

Winterruhe oder Winterschlaf?
KV Seite 92

Diese Kopiervorlage dient als Lernzielkontrolle, bei der die Kinder die vorgegebenen Aussagen den Überwinterungsstrategien Winterschlaf und Winterruhe zuordnen sollen. Als Voraussetzung sollten die Kinder jeweils einen Vertreter für die beiden Strategien kennengelernt haben. Im Anschluss daran informieren sich die Kinder selbstständig in Lexika oder Sachbüchern, auf welche Weise die abgebildeten Tiere überwintern. Dabei geben bereits die Namen einige Hinweise: „Murmeltier" und „Siebenschläfer" lassen auf Winterschlaf haltende Tiere, „Feldhamster" auf einen Vorrat anlegenden Winterruher schließen.

Lösung
Winterschlaf: Murmeltier, Siebenschläfer, Fledermaus; Winterruhe: Waldmaus, Dachs, Feldhamster

Spiele im Herbst
KV Seite 93

Diese beiden Versteckspiele können mit der ganzen Klasse bei einem Unterrichtsgang im Wald oder auch im Park durchgeführt werden. Sie stellen den Kindern anschaulich einzelne Aspekte aus den Überwinterungsstrategien von Eichhörnchen und Igel vor.

Spiel mal Eichhörnchen

So wie das Eichhörnchen im Herbst Nüsse und andere Baumfrüchte als Wintervorrat vergräbt, sollen die Kinder Nüsse vergraben und später wiederfinden. Aus Nüssen, die nicht mehr wiedergefunden werden, können neue Bäume wachsen.

Benötigtes Material:
mindestens eine Walnuss für jedes Kind der Klasse

Spiel mal Igel

Der Igel verkriecht sich für seinen Winterschlaf in einem warmen Nest aus Laub, wo er gut vor Kälte geschützt ist. Bei diesem Spiel suchen die Kinder für ihr Wasserdöschen einen Platz, von dem sie denken, dass ein Igel dort gut über den Winter kommen könnte.

Benötigtes Material:
ein Filmdöschen für jedes Kind der Klasse, Thermosflasche mit heißem Wasser, Haushaltsthermometer

Fraßspuren

Im Herbst fressen sich viele Tiere an Haselnüssen und Zapfen satt. Jedes Tier hat dabei seine eigene Technik entwickelt, um an das Innere der Haselnuss und an die Samen zwischen den Zapfenschuppen heranzukommen. An den Fraßspuren kann man deshalb erkennen, wer sich an den Nüssen und Zapfen zu schaffen gemacht hat.

Das Eichhörnchen rupft die Schuppen von unten her nacheinander ab, um an die Samen zu kommen. Der benagte Zapfen sieht unordentlich zerfranst aus und an der Spitze bleiben einige Schuppen stehen.

Die Waldmaus nagt die Schuppen rundherum ordentlich ab. Nur wenige Schuppen bleiben an der Spitze übrig.

Der Buntspecht klemmt den Zapfen in eine Spalte eines Baumes. Er hackt dann mit dem Schnabel auf die Schuppen ein und holt den Samen mit seiner klebrigen Zunge heraus. Ist eine Zapfenseite bearbeitet, dreht er den Zapfen um und macht auf der anderen Seite weiter. Der Zapfen sieht unordentlich zerzaust aus.

Das Eichhörnchen nagt in die Haselnuss eine Rille, steckt die vorderen Schneidezähne hinein und sprengt die Nuss in zwei Hälften.

Die Waldmaus nagt in die Haselnuss ein Loch. Wenn das Loch groß genug ist, frisst sie den Kern stückchenweise heraus.

Der Buntspecht klemmt die Haselnuss in eine Baumspalte und hackt mit dem Schnabel ein Loch hinein. Den Kern holt er stückchenweise heraus. Rund um das Loch kann man noch Spuren von ungenauen Hieben erkennen.

Auf Spurensuche
KV Seite 94

Die Kinder vermuten zunächst, von welchem der drei Tiere die Zapfen und Haselnüsse angenagt wurden, und kreuzen das entsprechende Feld an. Dann verfolgen sie die Linien und schreiben unter jede Fraßspur den Namen des richtigen Tiers. Wer hat richtig geraten?

Die Kinder können auch Vermutungen darüber anstellen, wie die Tiere die Zapfen und Haselnüsse bearbeiten und weitere Informationen dazu sammeln. Im Wald können die Kinder nach Fraßspuren an Nüssen und Zapfen Ausschau halten und herausfinden, von welchen Tieren sie stammen.

Lösung

(von links nach rechts) Eichhörnchen, Waldmaus, Specht, Eichhörnchen, Waldmaus, Specht

Abflug!
KV Seite 95

Die Schüler lernen die Flugsilhouetten von fünf Zugvögeln kennen. Mithilfe der verpurzelten Buchstaben finden sie die Namen der Vögel heraus und schreiben sie auf. In einem Unterrichtsgespräch werden die Unterschiede in der Größe und im Umriss besprochen. In einem Vogelbuch oder Lexikon schlagen die Kinder das Aussehen der Vögel nach.

Lösung

Nachtigall, Mauersegler, Star, Kuckuck, Rauchschwalbe

Zugvögel

Vögel, die sich vor allem von Insekten ernähren, finden im Winter bei uns nicht genügend Nahrung. Sie verlassen deshalb ihr Brutgebiet und fliegen in den warmen Süden. Neben „echten" Zugvögeln, von denen alle Vögel unsere Gegend im Winter verlassen, gibt es sogenannte Strichvögel oder Teilzieher, von denen nur ein Teil der Vogelart ins Winterquartier fliegt.

Zugvögeln sagt der Instinkt, wann es Zeit für den Abflug ist. Vögel, die tagsüber fliegen, orientieren sich an der Sonne, Vögel, die nachts fliegen, lassen sich vom Stand des Mondes und der Sterne leiten. Bei Zugvögeln unterscheidet man Kurzstreckenzieher, die nur bis Südeuropa oder Nordafrika fliegen, und Langstreckenzieher, die nach Afrika südlich der Sahara fliegen.

Zugvögel sind z. B. die Schwalbe, der Kuckuck, der Mauersegler, der Star und die Nachtigall, aber auch der Storch und der Kranich.

Teilzieher sind z. B. das Rotkehlchen, die Bachstelze und der Star.

Im Gegensatz zu den Zugvögeln bleiben Standvögel das ganze Jahr über im Brutgebiet.

Ab in den Süden
KV Seite 96

Auf dieser Kopiervorlage erfahren die Schüler Eigenheiten zum Vogelzug einiger Zugvögel. Die Kinder ordnen jedem Satz das passende Bild zu und schreiben den Namen des Vogels darunter.

Lösung

(von links nach rechts) 5. Nachtigall, 4. Mauersegler, 2. Schwalben, 3. Stare, 1. Kuckuck

Die Schwalbe

Die Rauchschwalbe und die Mehlschwalbe werden anhand der Texte in den passenden Farben angemalt. Als Selbstkontrollmöglichkeit sollten die Schüler ihr Bild mit einem farbigen Foto der beiden Schwalben vergleichen können.

Der Schwalben Wanderlied

Zunächst wird die Melodie erarbeitet, die mit dem bekannten Volkslied „Es, es, es und es" identisch ist. Im Text werden einige Aspekte der Lebensweise der Schwalben angesprochen: Sie fliegen im Herbst in ihr Winterquartier, sie bauen ihr Nest in Ställen, Scheunen und anderen Gebäuden, sie ernähren sich von Mücken (Insekten). Dabei sollten altertümliche Wörter (z. B. Herberge, Ungemach, beschieden, Schmaus), die den Kindern nicht bekannt sind, in einem Unterrichtsgespräch geklärt werden.

Ist das Lied ausreichend eingeübt, so kann es bereits in der zweiten Jahrgangsstufe in zwei Gruppen als eine Art Kanon mit gemeinsamem Schluss gesungen werden. Die zweite Stimme ist dabei mit dem einstimmigen Lied identisch, nur der Schluss der ersten Stimme weicht etwas davon ab. Die Pausen müssen beim zweistimmigen Singen genau eingehalten werden.

Durchhalter

Als Durchhalter bezeichnet man Säugetiere, die auch im Winter aktiv sind und ihre Lebensweise kaum verändern. Sie fressen sich im Herbst eine dicke Fettschicht an und es wächst ihnen ein dichtes Winterfell. Beides schützt sie vor Kälte. Diese Tiere legen keinen Wintervorrat an und sie ernähren sich überwiegend von Baumfrüchten, Trieben und Knospen. Fleischfresser jagen auch im Winter und ernähren sich von ihrer Beute. Wenn sie nichts zu fressen finden, können sie kurze Zeit von ihrer Fettschicht zehren. Sie müssen durchhalten, bis sie wieder Nahrung finden.

Durchhalter sind z. B. der Feldhase, der Marder, der Fuchs, der Hirsch und der Wolf.

Auch im Winter unterwegs

Winteraktive Tiere hinterlassen im Schnee Spuren. Die Kinder schneiden die Dominokärtchen aus und ordnen den Tieren die richtige Spur zu. Die Tiere sind dabei nach dem Abc sortiert. Dies kann als Hilfe beim Legen des Dominos oder für die selbstständige Kontrolle den Kindern gesagt werden.

Lösung
Feldhase – Feldmaus – Fuchs – Hirsch – Marder – Reh – Wildschwein

Name:

Tiere im Winter

Tiere überwintern auf verschiedene Art.

Verbinde.

Winterschlaf

Zugvogel

Winterruhe

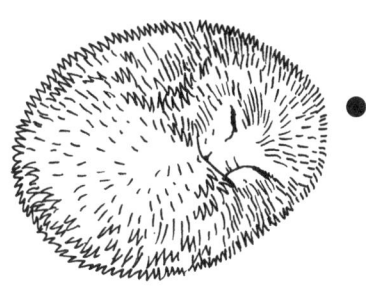

Kältestarre

Durchhalter

Setze die passenden Tiernamen ein.

Das _____ hält Winterruhe.

Die _____ ist ein Zugvogel und fliegt in den Süden.

Der _____ hält Winterschlaf.

Der _____ ist auch im Winter aktiv.

Der _____ verfällt in Kältestarre.

Feldhase
Schwalbe
Eichhörnchen
Igel
Frosch

Name:

Der Igel

🌰 **Schneide die Puzzleteile aus.**
Lege das Igelbild zusammen und klebe es auf ein extra Blatt.

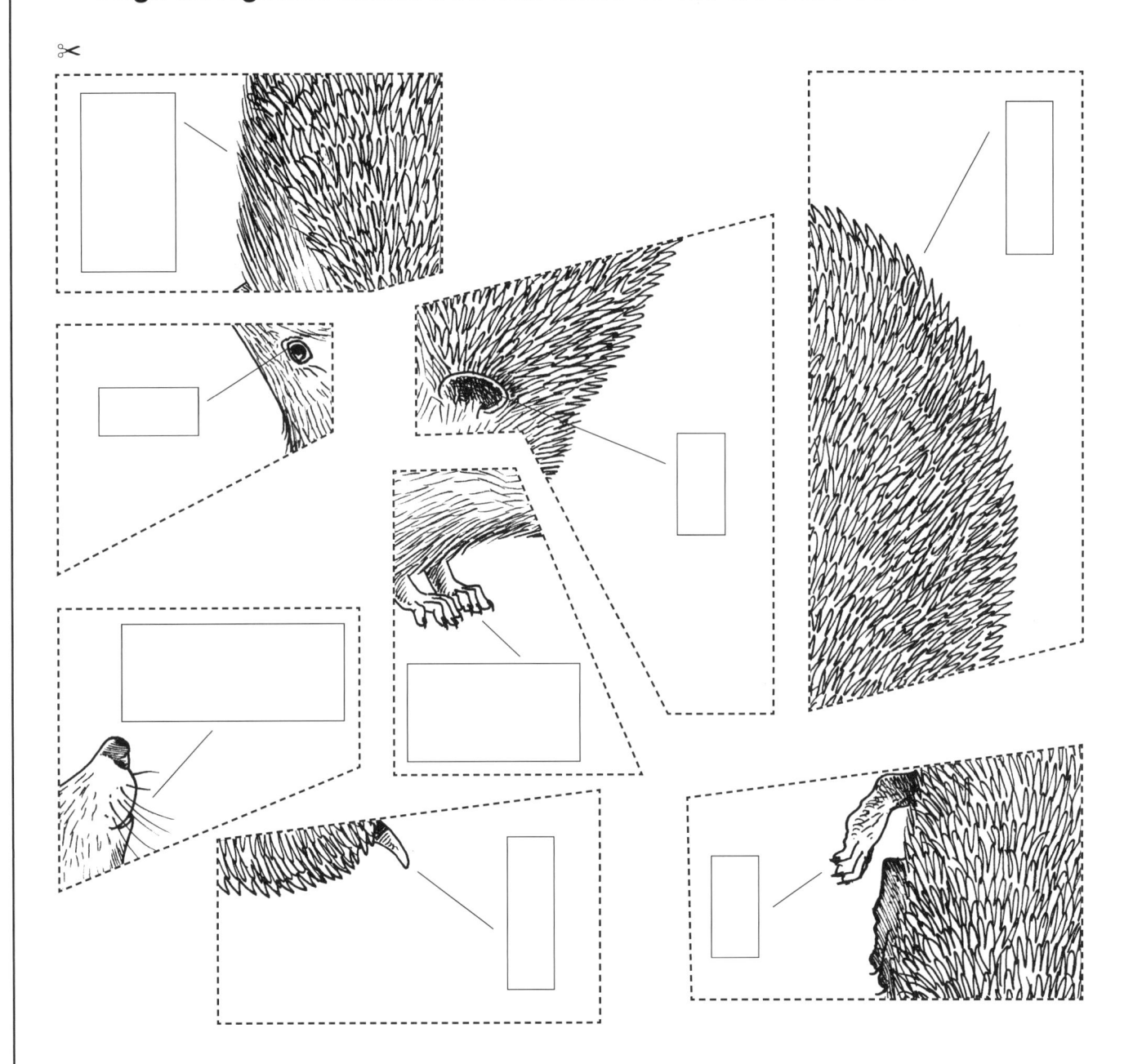

🌰 **Wie heißen die Körperteile des Igels?**
Schneide die Wortkärtchen aus und klebe sie an der passenden Stelle ein.

Schnauze mit Tasthaaren	Bauch mit Fell	Pfote mit Krallen	Auge	Ohr	Bein
			Schwanz	Stacheln	

82 Materialien für den Unterricht: Angelika Rehm, Herbst in der 1. und 2. Klasse © Hase und Igel Verlag, Garching b. München

So lebt der Igel (1)

1 Hast du schon einmal einen Igel gesehen?
2 Meistens kannst du ihn entdecken, wenn er in der Dämmerung fauchende
3 Geräusche von sich gibt. Oft war ein Igel unterwegs, wenn Schüsseln
4 mit Katzenfutter umgestoßen wurden. 
5 Igel hinterlassen auch kleine „Würstchen".
6 Igel leben gerne dort, wo es Hecken, Büsche, Laub- und Reisighaufen
7 gibt. Du kannst sie deshalb nicht nur in Parks, sondern auch in Gärten
8 entdecken. Dort finden Igel ausreichend Nahrung.
9 Am liebsten fressen sie Insekten wie Käfer,
10 Regenwürmer, Raupen, Spinnen, Asseln
11 und Schnecken, notfalls auch Fallobst oder Beeren. 
12 Igel ruhen sich tagsüber aus und gehen nachts
13 auf Nahrungssuche.
14 Das Besondere am Igel ist sein Stachelkleid.
15 Ein ausgewachsener Igel hat etwa 6000 Stacheln.
16 Bei Gefahr rollt sich der Igel zusammen und stellt
17 seine Stacheln auf. Doch diese Schutzmaßnahme hilft
18 nicht bei allen Feinden. Fuchs, Dachs, Marder oder
19 Uhu schaffen es trotzdem immer wieder, einen Igel
20 zu erbeuten. Und auch vor Autos schützt
21 das Stachelkleid nicht … 
22 Die Igelin bringt einmal im Jahr vier bis sieben blinde und taube Junge
23 zur Welt, die sie sechs Wochen lang säugt. Nach etwa vier Wochen
24 verlassen die Jungen zum ersten Mal das Nest und unternehmen
25 kleine Ausflüge.

So lebt der Igel (2)

Welche Antwort ist richtig? Kreise ein.

Woran kannst du erkennen, dass ein Igel unterwegs war?
- GE an verlorenen Stacheln
- ST an Kratzern an der Haustür
- WI an kleinen Igelwürstchen

Wo lebt der Igel gerne?
- AC unter der Erde in einer Höhle
- NT in der Nähe von Hecken, Büschen, Laub- und Reisighaufen
- HE in sumpfigen Gegenden mit viel Wasser

Was frisst der Igel?
- ER überwiegend Insekten, notfalls auch Fallobst und Beeren
- ZU Obst und Gemüse
- RB alles außer Schnecken und Regenwürmern

Wie viele Stacheln hat ein ausgewachsener Igel?
- NA etwa 2000 Stacheln
- FU etwa 1000 Stacheln
- SC etwa 6000 Stacheln

Welche Feinde hat der Igel?
- KL Hund und Katze
- HL Fuchs, Dachs, Marder, Uhu und das Auto
- TT Fuchs, Dachs, Reh und Hase

Wie viele Junge bringt eine Igelmutter zur Welt?
- EI 1–2 Igeljunge
- ER 2–4 Igeljunge
- AF 4–7 Igeljunge

Trage die eingekreisten Buchstaben der Reihe nach in die Kästchen ein. Du erhältst das Lösungswort.

Lösungswort:

Name:

Der Igel hält Winterschlaf

Lies den Text. Trage diese Wörter an der passenden Stelle ein:

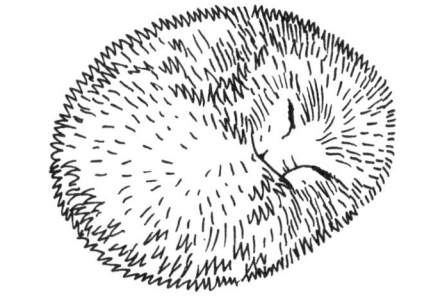

Energie – Laubhaufen – Futter – Insekten – Temperatur – Fettpolster – Gramm

Da sich der Igel vor allem von _____ ernährt, müsste er im Winter verhungern. Aus diesem Grund hält er während der kalten Jahreszeit Winterschlaf.

Im Herbst frisst sich der Igel ein _____ an, damit er den Winter ohne Futter überstehen kann. Nur Igel, die mindestens 500 _____ wiegen, können überleben. Wenn das Thermometer über längere Zeit nur noch 10 Grad oder weniger anzeigt, verkriecht sich der Igel in seiner Höhle unter einem _____, rollt sich zusammen und schläft ein.

Während des Winterschlafs darf der Igel auf keinen Fall gestört werden! Wenn er aufwacht und sich bewegt, verbraucht er zu viel _____ und sein Fettpolster reicht nicht mehr bis zum Ende des Winters.

Im Frühling erwacht der Igel aus dem Winterschlaf, wenn die _____ über längere Zeit mindestens 15 Grad beträgt. Der Igel sucht sofort nach _____ und nimmt jeden Monat etwa 50 Gramm zu.

Erzähle mit eigenen Worten.
Warum hält der Igel Winterschlaf?
Wie bereitet sich der Igel auf den Winterschlaf vor?

Der Igel im Winterschlaf – Versuche

GEWICHT

Ein Igel muss mindestens 500 Gramm wiegen, damit er den Winter im Winterschlaf überstehen kann.

1. Wie schwer sind 500 Gramm?
   Wiege 500 g Sand auf einer Küchenwaage ab.

2. Der Igel verliert im Winterschlaf ein Viertel seines Gewichts.
   Wie viel wiegt er im Frühling noch?

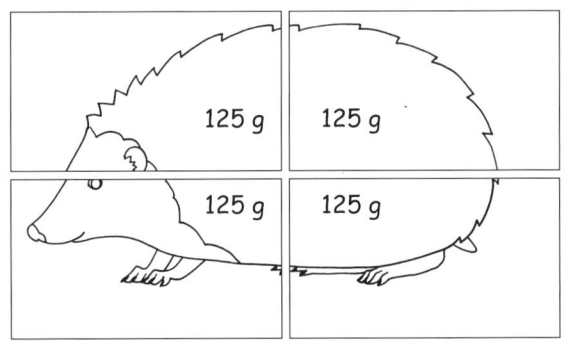

KÖRPERTEMPERATUR

Im Winterschlaf sinkt die Körpertemperatur des Igels von etwa 36 Grad auf 5 Grad ab.

1. Wie hoch ist deine Körpertemperatur?
   Miss mit einem Fieberthermometer nach.

2. Gieße warmes Wasser in eine Schüssel. Miss die Temperatur mit einem Thermometer. Gieße so viel kaltes Wasser dazu, bis das Wasser 5 Grad hat. Wie fühlt sich die Temperatur an?

HERZSCHLAG/PULS

Im Winterschlaf verlangsamt sich der Herzschlag des Igels von 180-mal in der Minute auf 8-mal in der Minute.

1. Wie oft schlägt dein Herz im Ruhezustand in der Minute?
   Schau auf die Uhr und miss deinen Puls am Handgelenk.

2. Wie oft schlägt dein Herz nach fünf Minuten Laufen in der Minute? Miss deinen Puls.

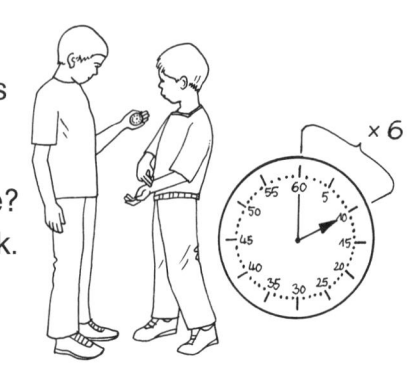

ATMUNG

Im Winterschlaf verlangsamt sich die Atmung des Igels von 45-mal in der Minute auf 3- bis 4-mal in der Minute.

1. Wie oft atmest du im Ruhezustand in der Minute?
   Schau auf die Uhr und zähle mit.

2. Wie oft atmest du nach fünf Minuten Laufen in der Minute?
   Probier's aus.

Igel

Ein Eichhörnchen erzählt

Eichhörnchen: Hallo. Wer ich bin? Versuche es zu erraten. Ich habe ein rotbraunes Fell und einen buschigen Schwanz. Im Winter ist mein Fell etwas dunkler. Erkennst du mich?

Kinder: Du bist ein Eichhörnchen.

Eichhörnchen: Gut geraten. Schau mal, was ich mache[1]. Das ist nichts Besonderes, das kann auch eine Katze. Aber das[2] ist ein richtiges Kunststück. Hast du das gesehen?

Kinder: Du kannst Bäume hinunterklettern.

Eichhörnchen: Richtig. Jetzt im Herbst habe ich sehr viel zu tun. Der Winter steht vor der Tür und ich muss noch viel Futter sammeln und verstecken. Hier siehst du, was mir schmeckt[3]. Was habe ich hier alles?

Kinder: Eicheln, Kastanien, Bucheckern, Walnüsse, Haselnüsse, Zapfen …

Eichhörnchen: Damit ich ausreichend Vorräte für den Winter habe, vergrabe ich ungefähr alle drei Minuten eine Baumfrucht. Dazwischen fresse ich auch mal Beeren, Äpfel oder Pilze – solange es die noch gibt.

Wenn es kälter wird, verschwinde ich in meinem Schlafnest, das ich im Wipfel eines Baumes gebaut habe. Dort ruhe ich mich aus. Dann laufe ich nicht mehr den ganzen Tag im Wald herum. Mein Nest heißt übrigens Kobel. Wo ruhst du dich eigentlich aus?

Kinder: In einem Bett.

Eichhörnchen: Aha. Ich habe sogar mehrere Schlafnester. In manchen ist es ganz schön kalt. Hast du eine Idee, was ich gegen die Kälte machen kann?

Kinder: Das Nest mit Moos auspolstern, mit dem buschigen Schwanz zudecken …

Eichhörnchen: Das sind gar keine schlechten Ideen. In ein paar Tagen werde ich meine Winterruhe beginnen. Wenn ich aufwache und Hunger habe, hole ich mir etwas aus meinen Verstecken. Vielleicht sehen wir uns ja mal im Winter kurz. Bestimmt aber im nächsten Frühjahr! Bis dann.

[1] Lehrer macht mit den Fingern vor, wie ein Eichhörnchen den Baum hinaufklettert.
[2] Lehrer macht mit den Fingern vor, wie ein Eichhörnchen den Baum hinunterklettert.
[3] Lehrer zeigt eine Schale mit Baumfrüchten.

Name:

So kommt das Eichhörnchen durch den Winter (1)

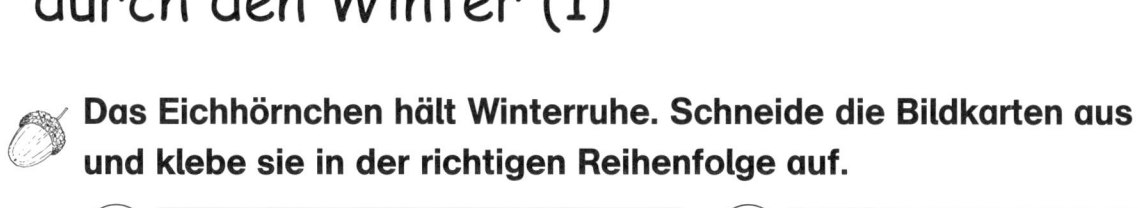

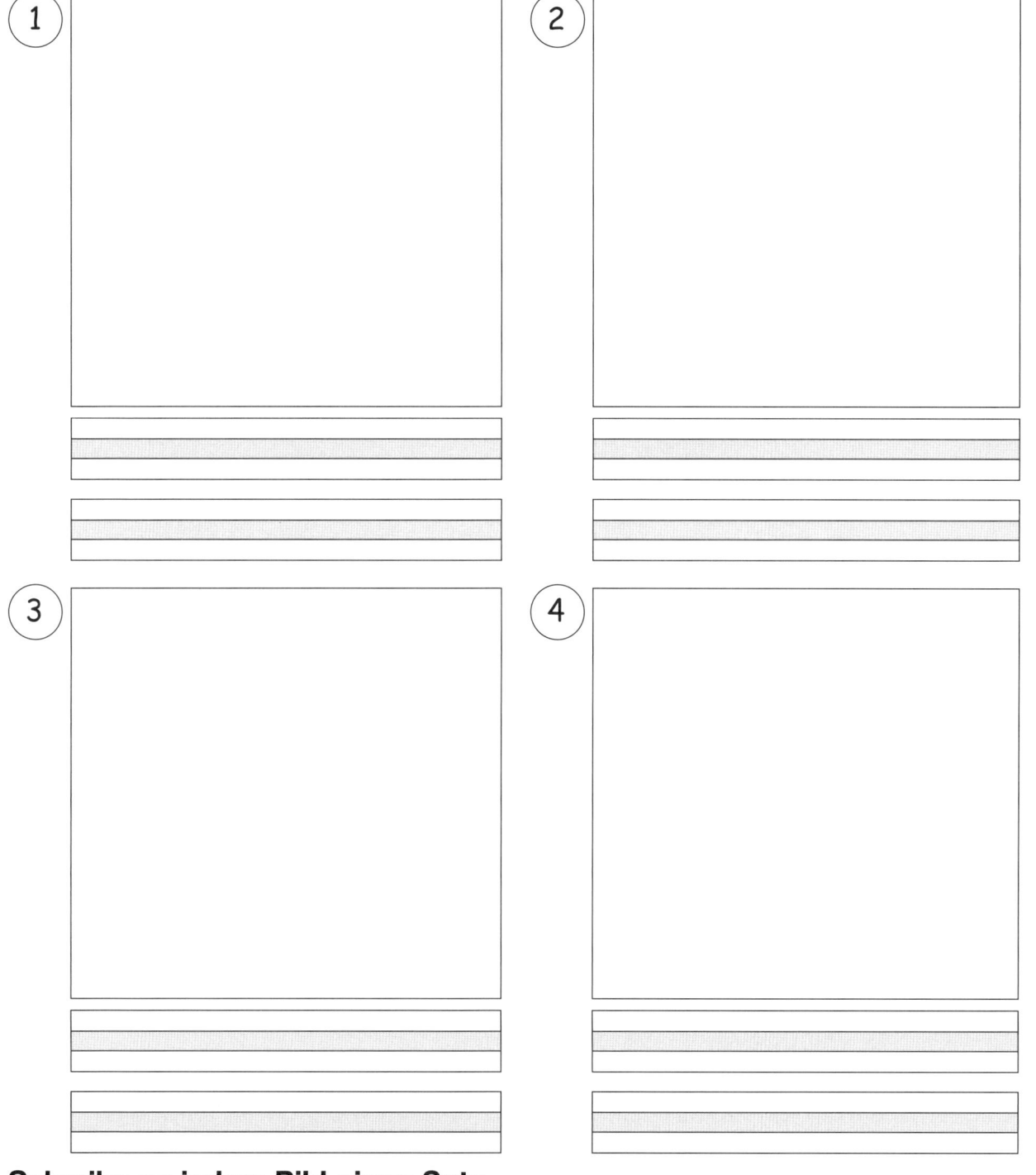

Das Eichhörnchen hält Winterruhe. Schneide die Bildkarten aus und klebe sie in der richtigen Reihenfolge auf.

①

②

③

④

Schreibe zu jedem Bild einen Satz.
Schneide die Textkarten aus. Ordne sie den Bildern zu.

So kommt das Eichhörnchen durch den Winter (2)

Bildkarten

Textkarten

| Das Eichhörnchen kriecht in seinen Kobel und verschließt ihn von innen. | Das Eichhörnchen schläft einige Tage in seinem Nest. |
| Das Eichhörnchen ist wach und frisst sich satt. | Das Eichhörnchen sammelt Nüsse und vergräbt sie. |

Name:

Das Eichhörnchen

Schau dir das Eichhörnchen genau an.
Zu welchen Wörtern passen die Körperteile? Trage ein.

Vorderbeine   Ohren   Schwanz   Bauch   Hinterbeine
Krallen   Zähne   Nase   Fell

buschiger ☐☐☐☐☐☐☐

☐☐☐☐ mit Pinselhaaren

scharfe ☐̈☐☐

☐☐☐☐ mit Tasthaaren

kurze ☐☐☐☐☐☐.☐☐

rotbraunes ☐☐☐☐

weißer ☐☐☐☐

kräftige ☐☐.☐☐☐.☐☐

spitze ☐☐☐☐☐

Verbinde mit den Körperteilen.

Name:

Winterruhe oder Winterschlaf?

Du weißt bereits, wie der Igel und das Eichhörnchen überwintern:
Der Igel hält Winterschlaf, das Eichhörnchen ist ein Winterruher.

🌰 **Was gilt für wen? Kreuze an.**

	Winterschlaf	Winterruhe
Das Tier braucht eine dicke Fettschicht.		
Das Tier lebt von seinen Vorräten.		
Das Tier schläft den ganzen Winter durch.		
Das Tier wacht immer wieder auf.		
Die Körpertemperatur sinkt stark ab.		
Die Körpertemperatur sinkt nicht ab.		
Das Tier frisst, wenn es aufwacht.		
Das Tier ist im Winter draußen unterwegs.		
Das Tier sammelt im Herbst Vorräte.		

🌰 **Wie überwintern diese Tiere? Wie der Igel oder wie das Eichhörnchen?
Erkundige dich.**

Murmeltier   Waldmaus   Feldhamster   Fledermaus

Siebenschläfer   Dachs

Spiele im Herbst: Spiel mal Eichhörnchen

1. Nimm eine Walnuss und verstecke sie so, dass du sie später wiederfinden kannst: Lege sie in ein Baumloch oder unter einen Stein, vergrabe sie im Boden …

2. Macht einen Waldspaziergang. Kommt nach etwa zwei Stunden wieder zur gleichen Stelle zurück.

3. Suche die versteckten Walnüsse – nicht nur deine eigene! – und sammle sie.

Wer findet die meisten Walnüsse?

So wird's schwieriger:
Jeder Spieler versteckt mehrere Walnüsse.

Spiele im Herbst: Spiel mal Igel

1. Nimm ein Filmdöschen und fülle es mit etwa 30 Grad warmem Wasser.

2. Versetze dich in die Lage des Igels, der für seinen Winterschlaf ein warmes Nest baut. Lege das Filmdöschen in ein Versteck, von dem du denkst, dass der Igel dort gut über den Winter kommen könnte.

3. Macht einen Waldspaziergang. Kommt nach etwa zwei Stunden wieder zur gleichen Stelle zurück.

4. Hole dein Filmdöschen aus dem Versteck. Miss die Temperatur des Wassers.

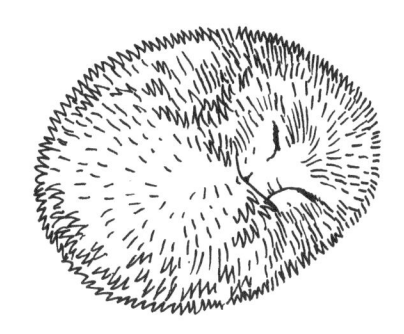

In welchem Filmdöschen ist das Wasser noch am wärmsten?

Auf Spurensuche

**Wer hat welche Nuss und welchen Zapfen angeknabbert?
Vermute zuerst und kreuze an. Fahre dann die Linien nach.**

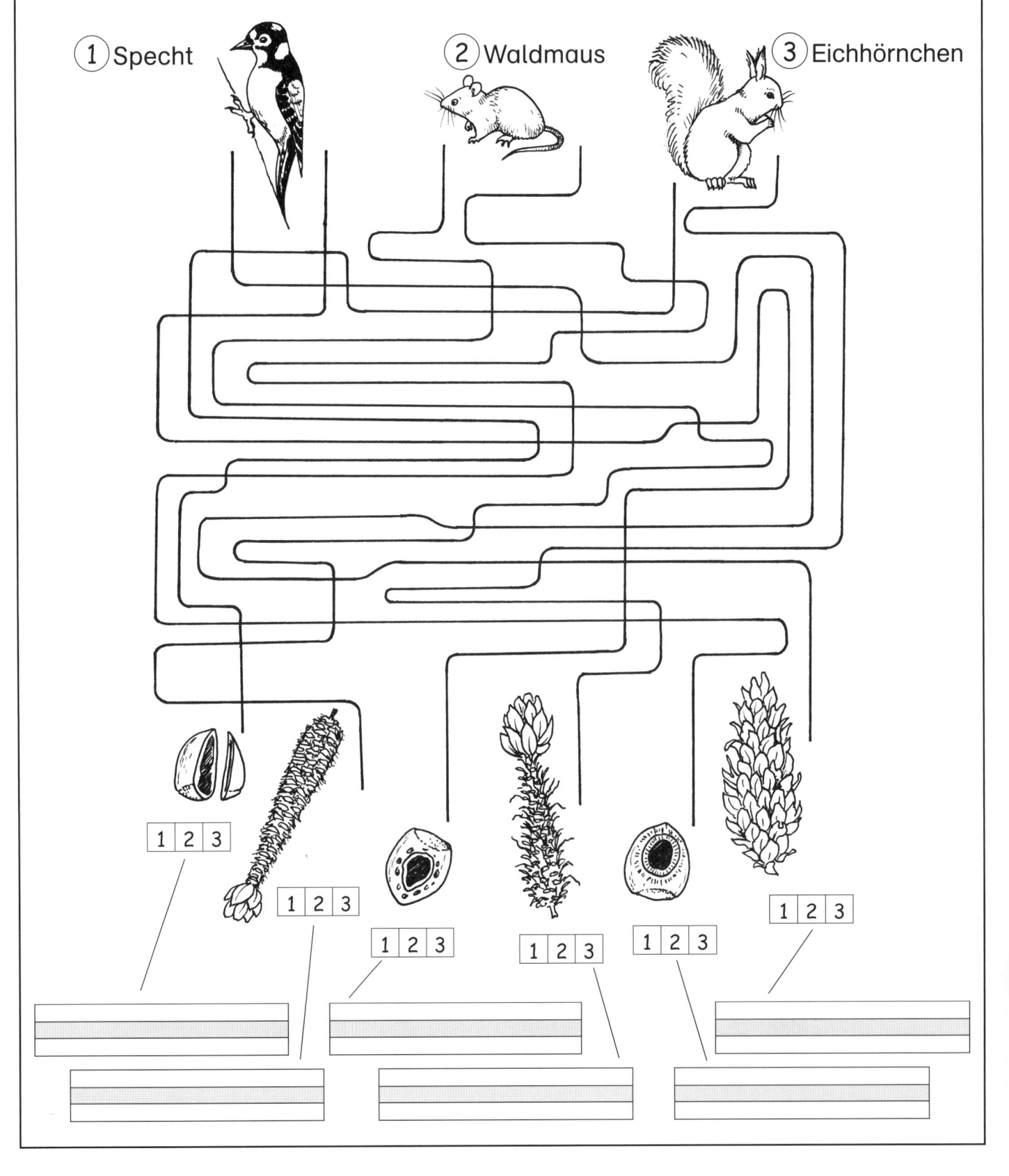

① Specht   ② Waldmaus   ③ Eichhörnchen

| 1 | 2 | 3 |

| 1 | 2 | 3 |

| 1 | 2 | 3 |

| 1 | 2 | 3 |

| 1 | 2 | 3 |

| 1 | 2 | 3 |

Name:

Abflug!

Vögel, die sich von Insekten ernähren, finden im Winter bei uns nicht ausreichend Futter. Deshalb fliegen sie im Herbst in den Süden.

Wie heißen diese Zugvögel?
Setze die Buchstaben zu ihrem Namen zusammen und schreibe sie auf.

Name:

Ab in den Süden

Für den Flug ins Winterquartier hat jede Zugvogelart besondere Eigenheiten entwickelt.

Welches Bild gehört zu welchem Satz? Trage die Nummer beim richtigen Bild ein.

1. Der Kuckuck findet seinen Weg ganz alleine. Er ist nachts unterwegs.
2. Schwalben sammeln sich oft auf Leitungsdrähten.
3. Stare ziehen in großen Gruppen.
4. Der Mauersegler ist vor allem tagsüber unterwegs. Er schläft sogar im Fliegen!
5. Die Nachtigall ist nachts alleine in den Süden unterwegs.

Schreibe die Namen der abgebildeten Vögel unter die Bilder.

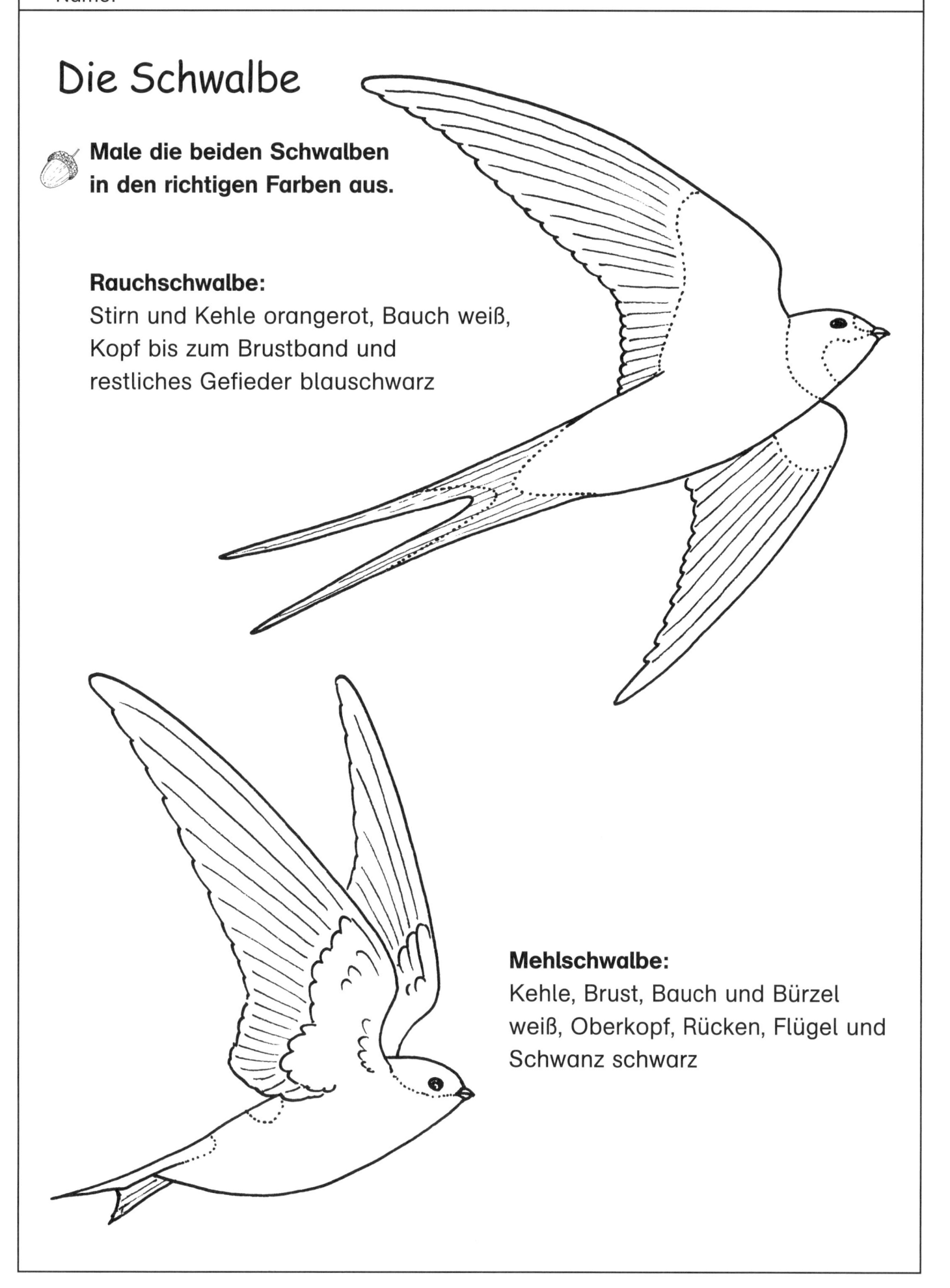

Name:

Die Schwalbe

Male die beiden Schwalben in den richtigen Farben aus.

Rauchschwalbe:
Stirn und Kehle orangerot, Bauch weiß, Kopf bis zum Brustband und restliches Gefieder blauschwarz

Mehlschwalbe:
Kehle, Brust, Bauch und Bürzel weiß, Oberkopf, Rücken, Flügel und Schwanz schwarz

Der Schwalben Wanderlied (1)

Text: Heinrich Hoffmann von Fallersleben
Melodie: Volksweise (Es, es, es und es)

1. Fort, fort, fort und fort, an einen andern Ort!
Fort, fort, fort und fort, an einen andern Ort!
Nun ist vorbei die Sommerzeit, drum sind wir Schwalben jetzt bereit
von einem Land zum andern zu wandern.

2. Ihr, ihr, ihr und ihr, ihr Leute lebet wohl!
Ihr, ihr, ihr und ihr, ihr Leute lebet wohl!
Ihr gabt zur Herberg euer Dach
und schützet uns vor Ungemach.
Drum sei euch Glück und Frieden beschieden.

3. Ihr, ihr, ihr und ihr, ihr Mücklein lebet wohl!
Ihr, ihr, ihr und ihr, ihr Mücklein lebet wohl!
Ihr habt uns oft recht satt gemacht
und uns mit manchem Schmaus bedacht.
Lebt wohl! Auf Wiedersehen! Wir gehen.

Der Schwalben Wanderlied (2)

Text: Heinrich Hoffmann von Fallersleben
Melodie: Volksweise (Es, es, es und es)

Fort, fort, fort und fort, an einen andern Ort!
Fort, fort, fort und fort, an einen andern Ort!
Fort, fort, fort und fort, an einen andern Ort! Nun
Ort! Fort, fort, fort und fort, an einen andern
ist vorbei die Sommerzeit, drum sind wir Schwalben jetzt bereit von
Ort! Nun ist vorbei die Sommerzeit, drum
einem Land zum andern zu wandern.
sind wir Schwalben jetzt bereit von einem Land zum andern zu wandern.

Auch im Winter unterwegs

Tiere, die auch im Winter unterwegs sind, haben ein dichtes Winterfell, das sie vor der Kälte schützt. Im Schnee kannst du ihre Spuren sehen.

🌰 **Schneide die Kärtchen aus und lege das Domino. Von wem stammt welche Spur?**

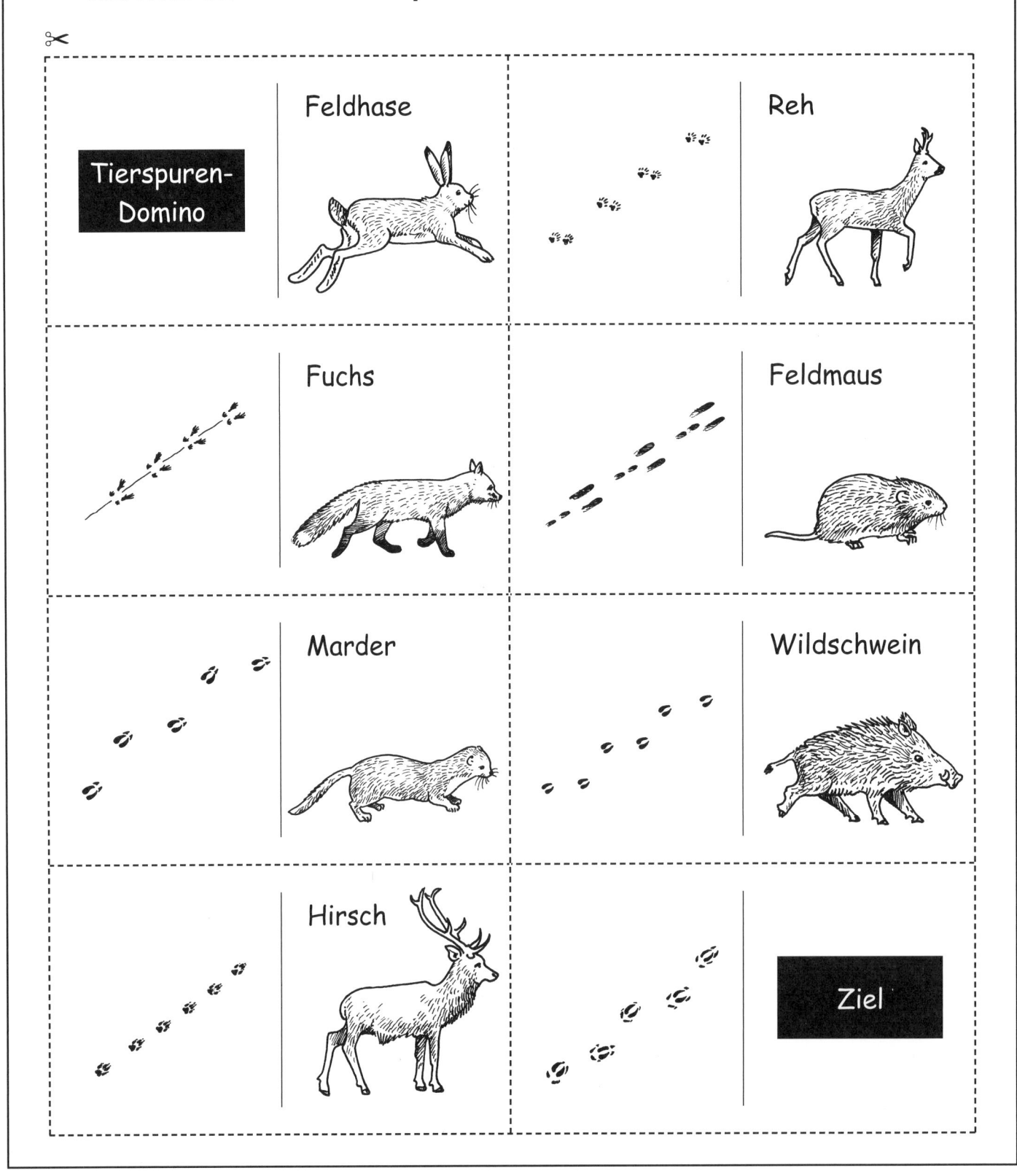

Tierspuren-Domino	Feldhase		Reh
	Fuchs		Feldmaus
	Marder		Wildschwein
	Hirsch		Ziel

4. Kapitel: Obst und Beeren

Vorbemerkung

Kinder lernen schon früh, dass sie Obst essen sollen – Obst ist gesund! Gerade im Herbst können wir auch bei uns zahlreiche Früchte ernten. Neben dem Apfel, einer typischen heimischen Herbstfrucht, gibt es auch in Hecken viele Strauchfrüchte, die zu schmackhaften Gerichten verarbeitet werden können. Vor allem bei Beeren ist es jedoch wichtig, dass die Kinder sie genau kennen, da einige ungenießbar oder sogar giftig sind. Am Beispiel der Hagebutte wird eine Heckenfrucht genauer untersucht.

Lehrplanbezug

Sachunterricht
- Heimisches Obst und heimische Strauchfrüchte unterscheiden und benennen
- Ungenießbare und giftige Früchte kennen
- Um die Gefahren beim Verzehr von Früchten wissen
- Ausbreitung von Pflanzen durch Samen und Früchte
- Einzelne Phasen der Entwicklung zum Schmetterling beobachten
- Gesunde Ernährung
- Gemeinsam kochen und essen

Deutsch
- Einfache Anleitungen verstehen
- Zusammensetzungen aus Namenwörtern bilden

Musikerziehung
- Altersgemäße Lieder zum Herbst singen

Zu den Kopiervorlagen

KV Seite 105 **Heckenfrüchte**

Die Kinder lernen die Früchte von sechs häufig vorkommenden Heckensträuchern kennen. Sie ordnen den Früchten den Namen des Strauches zu, von dem sie stammen. Die Ähnlichkeit der Namen ist dabei in vielen Fällen hilfreich. Anschließend malen sie die Beeren der angegebenen Farbe entsprechend aus.

Zur Vorbereitung oder im Anschluss an die Bearbeitung der Kopiervorlage sollten bei einem Unterrichtsgang die genannten Beeren gesammelt werden, sodass die Kinder sie in originaler Begegnung kennenlernen. Weisen Sie darauf hin, dass zwar alle diese Früchte essbar sind, in vielen Fällen jedoch nur in gekochtem Zustand! Machen Sie die Kinder auch auf Verwechslungsmöglichkeiten mit giftigen Beeren aufmerksam. Sie sollen Beeren grundsätzlich nur in Begleitung eines Erwachsenen pflücken. Weitere Gefahren beim Verzehr von Früchten werden auf der Kopiervorlage „Vorsicht, giftig!" (Seite 106) angesprochen.

Mit den gesammelten Strauchfrüchten können die Schüler ein Früchteposter erstellen: Sie kleben die Früchte eines Strauches jeweils in eine leere Streichholzschachtel. Die Hülsen der Schachteln werden mit dem Namen der enthaltenen Früchte beschriftet und auf einen Pappkarton geklebt. Dann werden die Schachteln mit den Früchten in die entsprechende Hülse geschoben.

Die Kinder können nun die Schachteln jeweils herausschieben und sich das Aussehen der Früchte einprägen. Als Lernspiel ist es auch möglich, alle Schachteln herauszunehmen und zu vertauschen. Die Kinder können sie anschließend wieder richtig zuordnen. Kleine Symbole auf der Schachtelunterseite und der Hülsen-innenseite ermöglichen dabei eine Selbstkontrolle.

Lösung
Holunder – Holunderbeeren; Schlehdorn – Schlehen; Eberesche – Vogelbeeren; Weißdorn – Weißdornbeeren; Heckenrose – Hagebutten; Brombeerstrauch – Brombeeren

Vorsicht, giftig!
KV Seite 106

Alle auf der Kopiervorlage abgebildeten Früchte sind giftig. Damit die Kinder sich das Aussehen einprägen, sollten sie die Möglichkeit haben, die Früchte vor Ort am Strauch oder auf einem Foto (z. B. in einem Bestimmungsbuch) ansehen zu können.

Weitere Sträucher mit giftigen Beeren sind das Waldgeißblatt, die Einbeere und der Efeu.

Die Kinder sollten grundlegende Verhaltensregeln im Umgang mit Beeren von wild wachsenden Sträuchern kennenlernen. Beeren sollten aus Sicherheitsgründen erst ab einer Höhe von ca. 60–80 cm, also bei Kindern „ab Bauchhöhe", gepflückt werden.

Der Fuchsbandwurm

Der Fuchsbandwurm ist ein Parasit, der im Dünndarm des Fuchses, seines häufigsten Endwirts, lebt. Der geschlechtsreife, nur wenige Millimeter große Bandwurm legt dort seine Eier ab, die dann vom Fuchs mit dem Kot ausgeschieden werden.

Menschen können sich mit dem Fuchsbandwurm nur infizieren, wenn sie seine Eier mit dem Mund aufnehmen. Bodennah wachsende Beeren, an denen Bandwurmeier haften können, sollen deshalb auf keinen Fall direkt vom Strauch gegessen werden. Die Früchte müssen gewaschen und möglichst gekocht werden.

Lockfrüchte
KV Seite 107

Nachdem die Schüler einige essbare und giftige Strauchfrüchte kennengelernt haben, erfahren sie nun deren Aufgabe: Die auffallend farbigen Früchte locken Vögel an und werden von ihnen gefressen. Aus den unverdaulichen Samen, die die Vögel an anderer Stelle wieder ausscheiden, können neue Sträucher wachsen. Sie dienen damit der Vermehrung von Pflanzen.

Anhand der abgebildeten Früchte schreiben die Kinder die Namen dazu. Die kurzen Texte geben teilweise Anhaltspunkte zum Namen der Frucht. Dabei sollte nochmals auf giftige Früchte hingewiesen werden.

Lösung
(von links nach rechts) Hagebutte, Pfaffenhütchen (giftig), Vogelbeeren, Weißdornbeeren, Rote Heckenkirsche (giftig), Seidelbast (giftig)

Von der Blüte zur Frucht
KV Seite 108

Am Beispiel der Heckenrose wird die Entwicklung von der Blüte zur Frucht vorgestellt. Die Schüler verbinden die Bilder mit dem passenden Text.

Die Bildkärtchen auf dieser Kopiervorlage können zu einem kleinen Daumenkino zusammengestellt werden: Die Kinder schneiden die Kärtchen mit den Bildern aus und erstellen zusätzlich zehn weitere weiße Kärtchen in derselben Größe. Die Bildkärtchen werden in der richtigen Reihenfolge mit den Bildern nach oben von oben nach unten aufeinandergelegt. Auf der oberen und der unteren Seite werden je fünf weiße Kärtchen daraufgelegt. Alle Kärtchen werden am linken Rand mit einem Klammerhefter zusammengeheftet. Nun kann man das Daumenkino mit der linken Hand halten und mit der rechten Hand durchblättern.

Lösung
1C, 2D, 3A, 4E, 5B

Die Hagebutte
KV Seite 109

Diese Kopiervorlage bietet zur Hagebutte, der Frucht der Heckenrose, einige weiterführende Anregungen: Aus frischen Hagebutten kann Tee oder Mus hergestellt werden, die Samen kann in einem Topf angesät werden. Außerdem erfahren die Kinder, dass die Haare der Samen ein unangenehmes Jucken hervorrufen.

Ein Männlein steht im Walde
KV Seite 110

Bei diesem bekannten Rätsellied wird in der Regel vermutet, dass es sich um den Fliegenpilz handelt. Anhand der abgebildeten Hagebutte erklären die Kinder den Liedtext: hat ein purpurrotes Mäntelein, steht auf einem Bein, hat ein schwarzes Käppelein. Dabei sollten weniger bekannte Wörter in einem Gespräch geklärt werden (z. B. purpur, Haupt, Käppelein). In der dritten Strophe, die gesprochen wird, ergänzen die Kinder das fehlende Wort „Hagebutte".

Die Melodie der ersten und der dritten Zeile ist (bis auf den Auftakt) identisch und kann auf Stabspielen eingeübt werden. Werden die nicht benötigten Töne d' und e' entfernt, so verläuft die Melodie Schritt für Schritt aufwärts und anschließend – nach einem Terzsprung – wieder abwärts.

Die rhythmische Folge ♩. ♪ ♩ ♩, die in der zweiten Liedzeile vorkommt, wird mit Klatschen eingeübt und später zum Gesang geklatscht.

Obsternte
KV Seite 111

Obst wird in Kern-, Stein- und Beerenobst eingeteilt. Auf dieser Kopiervorlage lernen die Kinder den Unterschied zwischen Kern- und Steinobst am Beispiel von heimischen Früchten kennen: Früchte mit kleinen Kernen bezeichnet man als „Kernobst", Früchte mit einem Kern, der von einem saftigen Fruchtfleisch umgeben ist, als „Steinobst". Die Kinder schneiden die abgebildeten Früchte aus und kleben sie in die passende Spalte. Anschließend malen sie die Früchte in der passenden Farbe aus.

Lösung
Kernobst: Apfel, Birne;
Steinobst: Kirsche, Pflaume, Pfirsich

Beerenobst
KV Seite 112

Als Beerenobst bezeichnet man umgangssprachlich Früchte, die viele kleine Kerne im Fruchtfleisch enthalten. Die Kinder malen die abgebildeten Früchte in den richtigen Farben aus. Eventuell können die Früchte mitgebracht und probiert werden.

Der Apfel
KV Seite 113

Der Apfel als ein heimisches Beispiel für Kernobst, das im Herbst geerntet wird, wird in Partnerarbeit genauer untersucht. Die Schüler schneiden einen Apfel der Länge nach durch und bestimmen seine Teile. Sie ergänzen auf der Kopiervorlage die Begriffe an den passenden Stellen.

In einem Unterrichtsgespräch sollten die Aufgaben der einzelnen Teile besprochen werden: Am Stiel hängt der Apfel am Baum; die Schale enthält viele Vitamine, sie schützt den Apfel vor dem Austrocknen und gibt die Färbung an; das Fruchtfleisch enthält Fruchtsäuren und bestimmt den Geschmack des Apfels; das Kerngehäuse besteht aus fünf Kammern mit Kernen; die Kerne sind die Samen des Apfels; der Blütenrest an der Unterseite ist der vertrocknete Rest der Blütenkelchblätter.

Die zerschnittenen Äpfel werden in der Schulpause gegessen oder zu Apfelmus verarbeitet. Als Hausaufgabe können die Kinder die Namen einiger Apfelsorten in Erfahrung bringen.

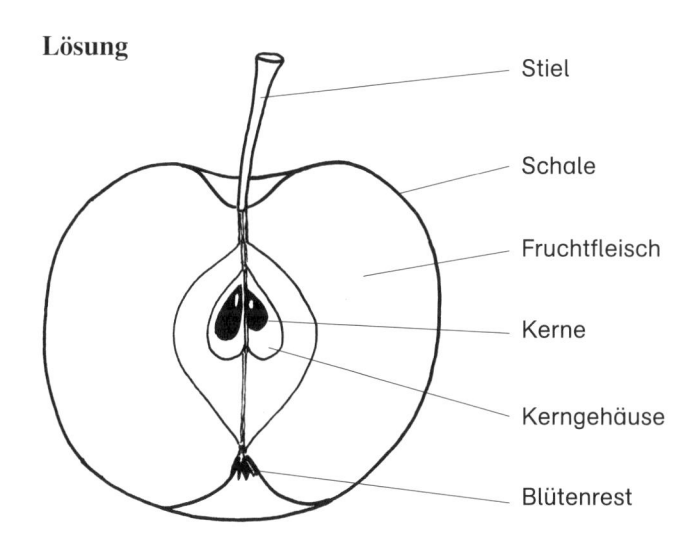

Lösung

(Beschriftung Apfel: Stiel, Schale, Fruchtfleisch, Kerne, Kerngehäuse, Blütenrest)

Weitere Anregung
Keimversuch
Mit einigen Apfelkernen kann ein Keimversuch durchgeführt werden. Dabei ist jedoch einiges zu beachten: Apfelkerne keimen erst, wenn sie zuvor einige Zeit sehr kühlen Temperaturen ausgesetzt waren. In der Natur verhindert diese Eigenschaft, dass Samen bereits im Herbst keimen und im darauffolgenden Winter wieder zugrunde gehen. Für den Keimversuch sollten Apfelkerne deshalb mit einem Löffel Erde in einer kleinen Plastiktüte etwa drei Monate ins Gefrierfach gelegt werden. Anschließend können die Kerne in einen Blumentopf mit feuchter Erde gesteckt werden. Der Topf soll an einem hellen Platz stehen und die Erde muss feucht gehalten werden.

Igitt!
KV Seite 114

Im alltäglichen Sprachgebrauch spricht man von einem „Wurm", der den Fraßgang in einem Apfel verursacht. Dieser Text informiert die Kinder, dass der Wurm eigentlich die Raupe eines Schmetterlings, des Apfelwicklers, ist. Die Kinder ordnen den Bildern die Bezeichnungen der im Text beschriebenen Entwicklungsstufen des Apfelwicklers zu. Falls möglich, sollten die Kinder einen Apfel mit „Wurm" genauer untersuchen.

Lösung
Schmetterling, Ei, kleine Raupe, große Raupe, Puppe, Schmetterling

Apfel mit Wurm
KV Seite 115

Passend zur Kopiervorlage „Igitt!" (Seite 114) können die Kinder im Anschluss daran einen Apfel mit Wurm basteln. Der Apfel ist aus Wabenpapier einfach zu erstellen, der Stängel sollte mit Klebstoff in der Mitte gut befestigt werden. Der Wurm wird aus einem Stück Pfeifenputzer zurechtgebogen, auf das eventuell noch kleine Wackelaugen geklebt werden.

Der Apfel eignet sich (ohne Wurm) auch als herbstliche Tischdekoration oder als Tischkarte (auf das Blatt wird der Name geschrieben) für ein Fest oder ein Klassenfrühstück.

Je nachdem, in welcher Richtung das Wabenpapier geschnitten wird, kann der Apfel unterschiedlich aussehen: wie auf dem Foto oder wie auf der Zeichnung.

Rund um den Apfel
KV Seite 116

Die Kinder bilden zusammengesetzte Namenwörter mit „Apfel-". Dabei handelt es sich um verschiedene Speisen mit Äpfeln. Sie schreiben die Wörter auf und erzählen, was sie selbst schon einmal gegessen bzw. getrunken haben.

Anschließend finden sie die Bedeutung von drei „besonderen" Äpfeln heraus.

Lösung
Bratapfel = adventliche/weihnachtliche Süßspeise
Erdapfel = Kartoffel
Pferdeapfel = kugelförmiger Kot des Pferdes; „das, was das Pferd hinterlässt"

Apfel-Rezepte
KV Seite 117

So unterschiedlich Äpfel in Form, Farbe und Geschmack sind, so vielfältig können sie auch verwendet werden. Auf der Kopiervorlage werden zwei einfache Apfel-Rezepte vorgestellt, die Sie mit Ihren Schülern direkt im Klassenzimmer ausprobieren können.

Apfelschalen-Tee
Die Schüler bringen das Rezept zunächst mit Zahlen in die richtige Reihenfolge und probieren es anschließend aus.

Lösung
1. Wasche einen Apfel gründlich.
2. Schäle den Apfel mit einem Kartoffelschäler.
3. Lass die Apfelschalen ein paar Tage trocknen.
4. Gib die Apfelschalen in einen Topf.
5. Übergieße die Apfelschalen mit heißem Wasser.
6. Lass den Tee fünf Minuten ziehen.

Getrocknete Apfelringe
Die fehlenden Wörter werden an die passenden Stellen in das Rezept eingesetzt. Dann können die Kinder es ausprobieren. Unter der Apfelschale stecken die meisten Vitamine, sodass die Äpfel nicht unbedingt geschält werden müssen. Beim Schälen des Apfels versuchen die Kinder, ein möglichst langes Stück Schale an einem Stück zu schälen.

Lösung
Kartoffelschäler – Kerngehäuse – Scheiben – Zitronensaft – Zucker – Zimt – Schnur

Im Apfelhaus
KV Seite 118

Zur Erarbeitung des Textes wird ein Apfel quer aufgeschnitten: Die fünf „Stübchen" sind das Kerngehäuse, die „Kernchen" die Apfelkerne. In der dritten Zeile der zweiten Strophe wird angedeutet, dass die Kerne die Samen des Apfelbaums sind, aus denen ein Baum werden kann, der den Sonnenschein genießt (siehe „Der Apfel", Seite 113). Die dritte Strophe berichtet, dass Äpfel früher als Schmuck für den Weihnachtsbaum verwendet wurden. Heute hängt man stattdessen meist Kugeln an den Baum.

Die Melodie kann durch Vor- und wiederholtes Nachsingen einstudiert werden.

Grafische Gedichte
KV Seite 119

Diese Kopiervorlage regt die Kinder an, selbst grafische Gedichte zu erstellen. Zunächst kann das „Gedicht" Birne in einem größeren Format erstellt werden: Ein Zeichenblockblatt wird mit dickem Stift ganzflächig mit dem Wort Birne beschrieben. Dabei sollte der Wortanfang von Zeile zu Zeile immer ein bisschen versetzt werden. Der Umriss einer Birne wird nun auf die Rückseite des Zeichenblockblattes gezeichnet und ausgeschnitten – möglichst sauber in einem Stück. Die Birnenform (das Positiv) und der Birnenrahmen (das Negativ) werden nun jeweils auf farbiges Tonpapier geklebt.

Anschließend stellen die Kinder weitere grafische Gedichte her, indem sie die Apfel- und Blattform einmal als Positiv und einmal als Negativ mit dem entsprechenden Wort beschreiben.

Name:

Heckenfrüchte

Im Herbst tragen die Sträucher der Hecke Früchte. Kennst du sie?

Von welchen Sträuchern stammen die Früchte? Trage ein.

Brombeerstrauch   Heckenrose   Weißdorn
        Eberesche   Holunder   Schlehdorn

- Früchte: Holunderbeeren
- Farbe: schwarz
- Roh giftig! ☠
  Nur gekocht essbar!

- Früchte: Vogelbeeren
- Farbe: orangerot
- roh ungenießbar

- Früchte: Hagebutten
- Farbe: rot
- ohne Kerne roh essbar

- Früchte: Schlehen
- Farbe: dunkelblau
- roh ungenießbar

- Früchte: Weißdornbeeren
- Farbe: rot
- roh ungenießbar

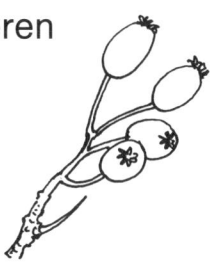

- Früchte: Brombeeren
- Farbe: schwarz
- roh essbar

Male die Beeren in der angegebenen Farbe aus.

Name:

Vorsicht, giftig!

Diese Beeren darfst du auf keinen Fall essen!

**Schau dir die Beeren an den Sträuchern genau an.
Merke dir, wie diese giftigen Beeren aussehen!**

blauschwarze Beeren	rote Beeren
Liguster	Pfaffenhütchen
Tollkirsche	Rote Heckenkirsche
Schwarzer Holunder Nur roh giftig! Gekocht essbar!	Seidelbast

⚠️ Pflücke keine Beeren, die du nicht kennst!
Iss keine Beeren, die du nicht kennst!

⚠️ Iss auch essbare Beeren nie roh vom Strauch!
Die Eier des Fuchsbandwurms könnten darauf sein
und du könntest dich anstecken.

Lockfrüchte

Das leuchtende Rot und das saftige Fruchtfleisch der Beeren locken Vögel an. Sie fressen die Früchte, fliegen weg und scheiden später die unverdaulichen Samen an einer anderen Stelle wieder aus. Dort kann ein neuer Strauch wachsen. Beeren, die für uns Menschen giftig sind, sind es für die Vögel nicht.

Diese Beeren sind alle rot. Schreibe ihre Namen dazu.

Der Fink pickt nur die Samenkerne heraus. Die Drossel frisst gerne die Fruchthülle.

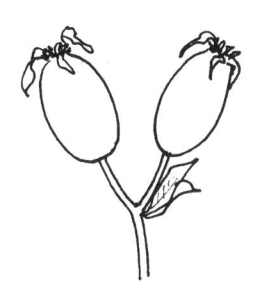

Das Rotkehlchen frisst nur den orangefarbenen Samenmantel und spuckt den Samen wieder aus.

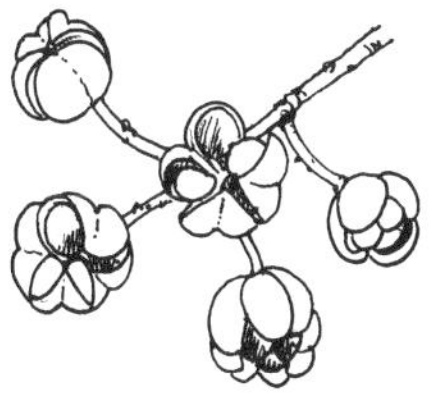

Über 60 Vogelarten fressen sie am liebsten nach dem ersten Frost. Daher haben sie auch ihren Namen.

Etwa 32 Vogelarten machen sich über diese Beeren her.

Nur acht Vogelarten fressen diese giftigen Beeren.

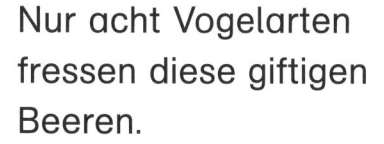

Bachstelzen und Drosseln macht das giftige Fruchtfleisch nichts aus.

Übrigens: Für Vögel sind dunkelblaue und schwarze Beeren auch besonders auffällig.

Von der Blüte zur Frucht

Aus der Blüte der Heckenrose wächst die Hagebutte heran.

Welcher Text gehört zu welchem Bild? Verbinde.

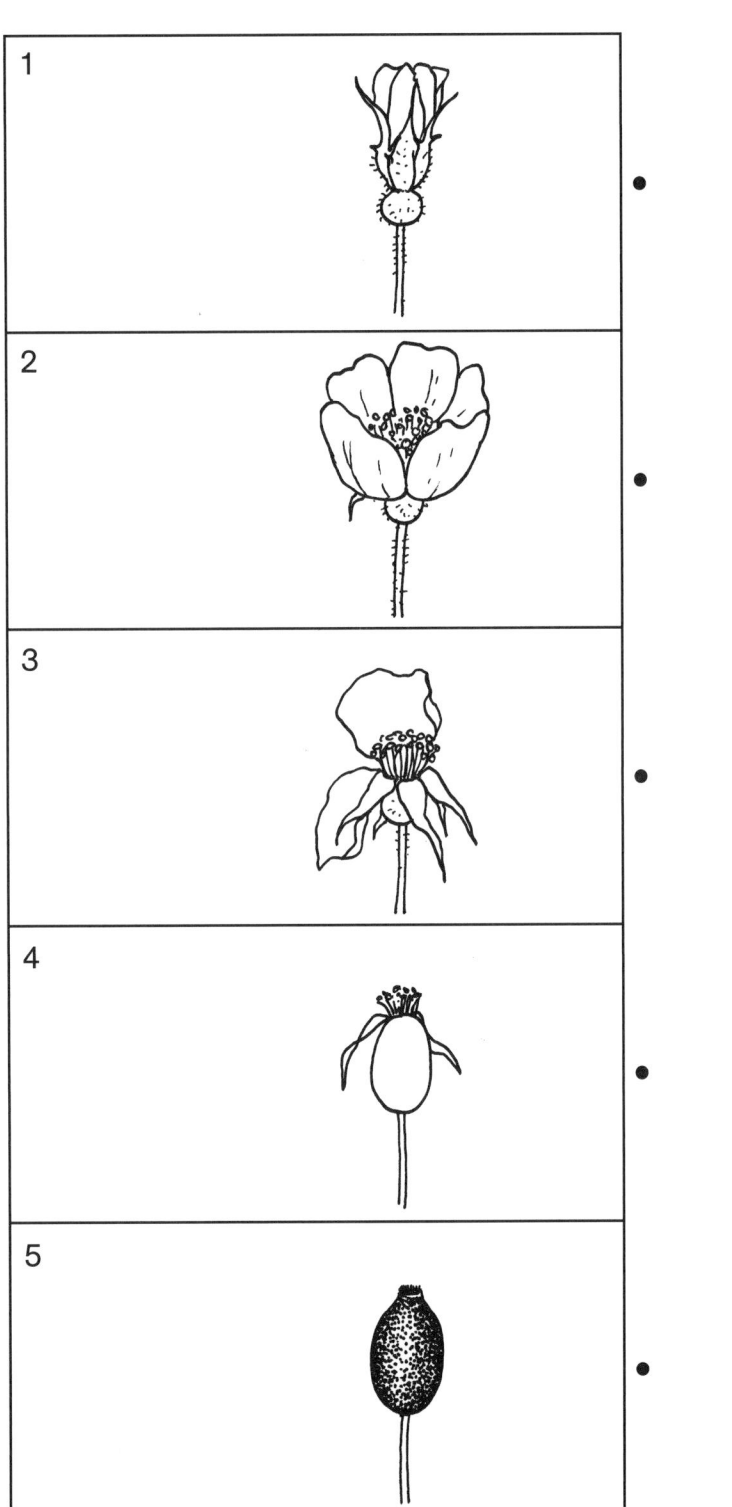

1	A — Nach der Blüte fallen die Blütenblätter ab.
2	B — Die Blütenreste vertrocknen. Die Hagebutte verfärbt sich rot.
3	C — Die Blütenknospe öffnet sich.
4	D — Die Heckenrose blüht.
5	E — Der Blütenboden wächst zur Hagebutte heran.

Die Hagebutte

Aus den Blüten der Heckenrose entstehen Hagebutten.
Hagebutten enthalten viel Vitamin C.
Sie sind sehr gesund.
Du kannst aus ihnen Tee oder Mus machen.

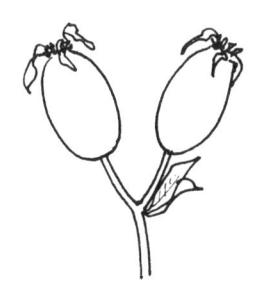

Hagebuttentee

1. Sammle reife Hagebutten und entferne den Stiel und die Blütenreste.
2. Schneide die Hagebutten auf und entferne die Kerne aus dem Inneren.
3. Wasche die Fruchthälften gründlich, zerschneide sie in kleine Stücke und lass sie trocknen.
4. Gib einen gehäuften Teelöffel getrocknete Hagebutten in die Tasse.
5. Übergieße die Hagebutten mit heißem Wasser und lasse den Tee 10 Minuten ziehen.
6. Siebe den Tee ab und süße ihn nach Belieben mit Honig oder Zucker.

Hagebuttenmus

1. Sammle reife Hagebutten und entferne den Stiel und die Blütenreste.
2. Schneide die Hagebutten auf und entferne die Kerne aus dem Inneren. Wasche die Fruchthälften gründlich.
3. Gib die Fruchthälften in einen Topf und übergieße sie mit Wasser, sodass sie knapp bedeckt sind. Lass sie zugedeckt über Nacht stehen.
4. Koche das Ganze am nächsten Tag auf und lass es etwa 30 Minuten köcheln.
5. Streiche die Masse durch ein Sieb, sodass die Schalen übrig bleiben.
6. Das fertige Mus kannst du noch mit etwas Honig süßen. Streiche es als Aufstrich auf dein Brot.

Tipp: Die Kerne, die du aus den Hagebutten entfernst, sind Samen. Die Samenhaare rufen ein unangenehmes Jucken hervor. Säe die Samen in einen Topf mit Blumenerde. Gieße regelmäßig.

Ein Männlein steht im Walde

Text: Heinrich Hoffmann von Fallersleben
Melodie: Volksweise 18. Jahrhundert

1. Ein Männlein steht im Walde ganz still und stumm,
es hat von lauter Purpur ein Mäntlein um.
Sagt, wer mag das Männlein sein, das da steht im Wald allein
mit dem purpurroten Mäntelein?

2. Das Männlein steht im Walde auf einem Bein
und hat auf seinem Haupte schwarz Käpplein klein.
Sagt, wer mag das Männlein sein, das da steht im Wald allein
mit dem kleinen, schwarzen Käppelein?

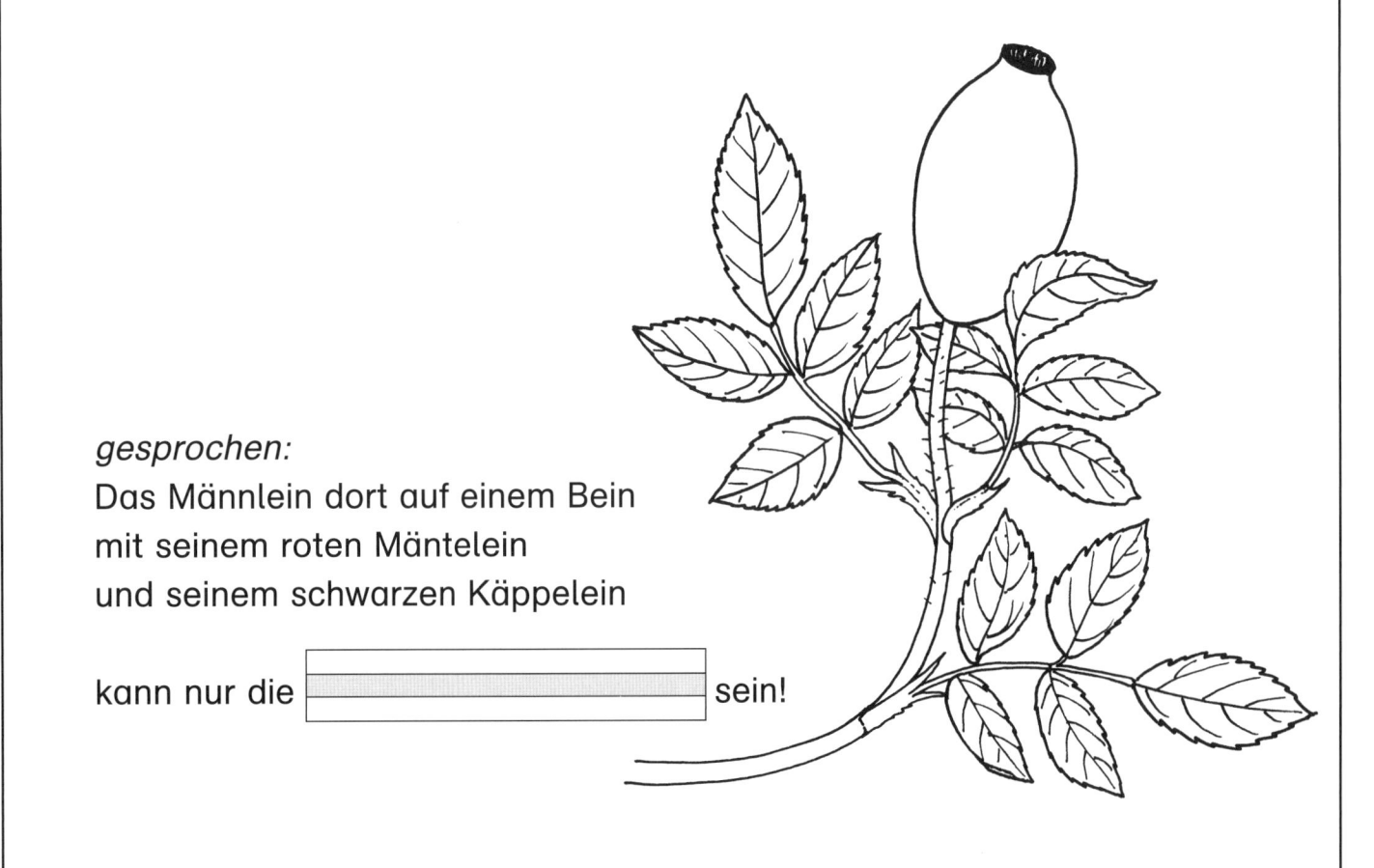

gesprochen:
Das Männlein dort auf einem Bein
mit seinem roten Mäntelein
und seinem schwarzen Käppelein

kann nur die _____ sein!

Name:

Obsternte

Dieses Obst kannst du bei uns ernten.

Schneide die Bilder aus und klebe sie in die richtige Spalte ein.

Kernobst	Steinobst

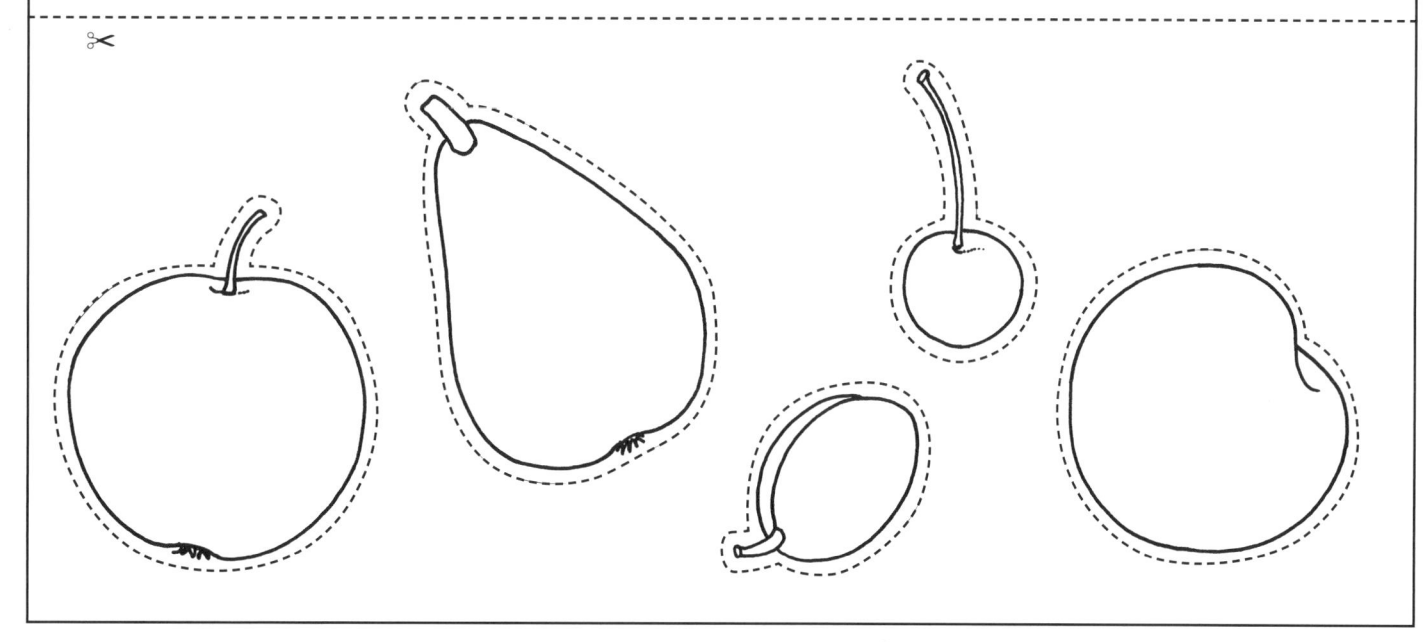

Beerenobst

Beeren haben im Fruchtfleisch viele kleine Kerne, die wir mitessen.

Male diese Beeren in der richtigen Farbe aus.

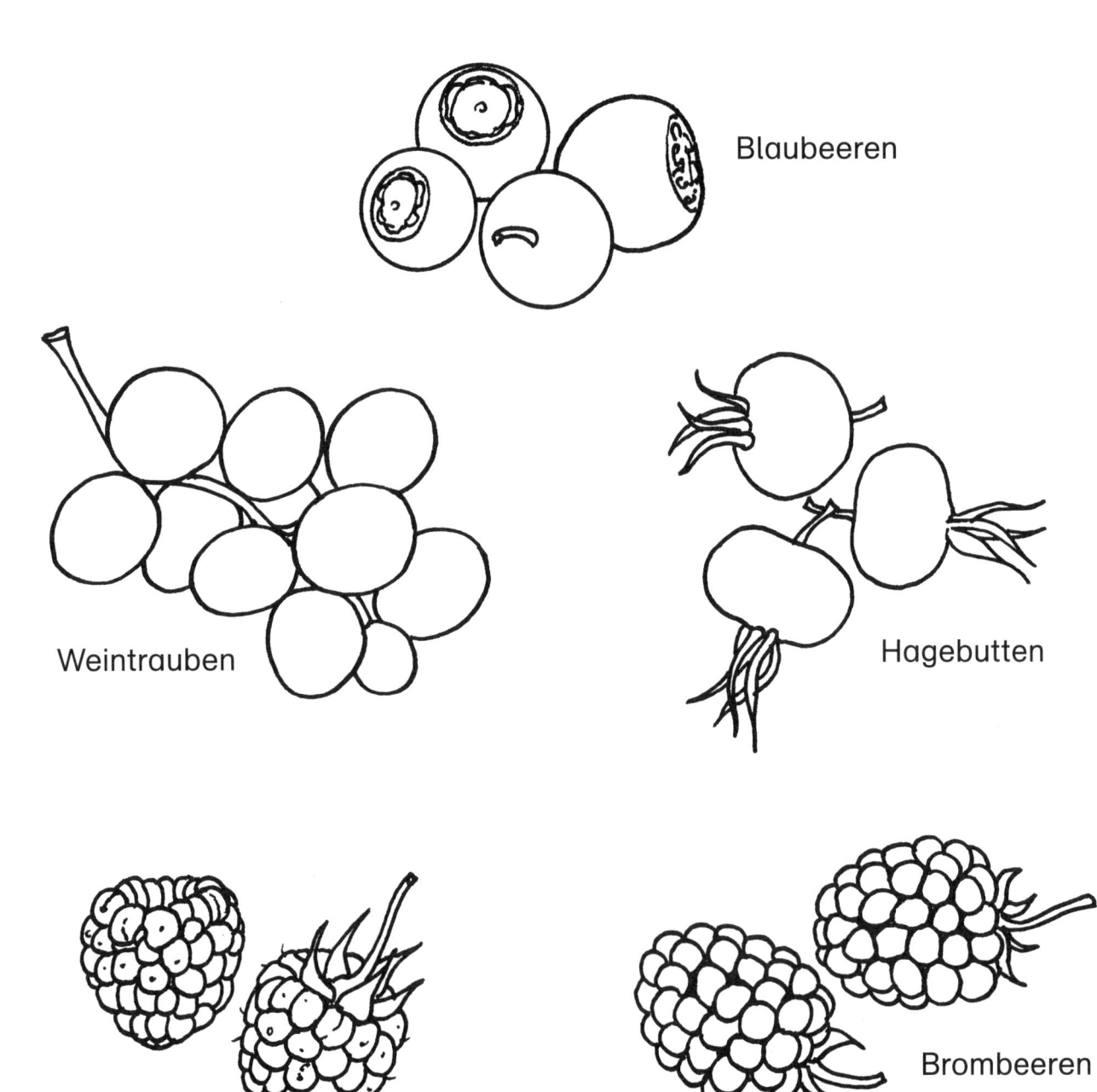

Blaubeeren

Weintrauben

Hagebutten

Himbeeren

Brombeeren

Name:

Der Apfel

Der Apfel ist die Frucht des Apfelbaums. Er ist aus der Apfelblüte entstanden.

Schneide einen Apfel der Länge nach durch.
Schau ihn genau an und male das Bild in den passenden Farben aus.

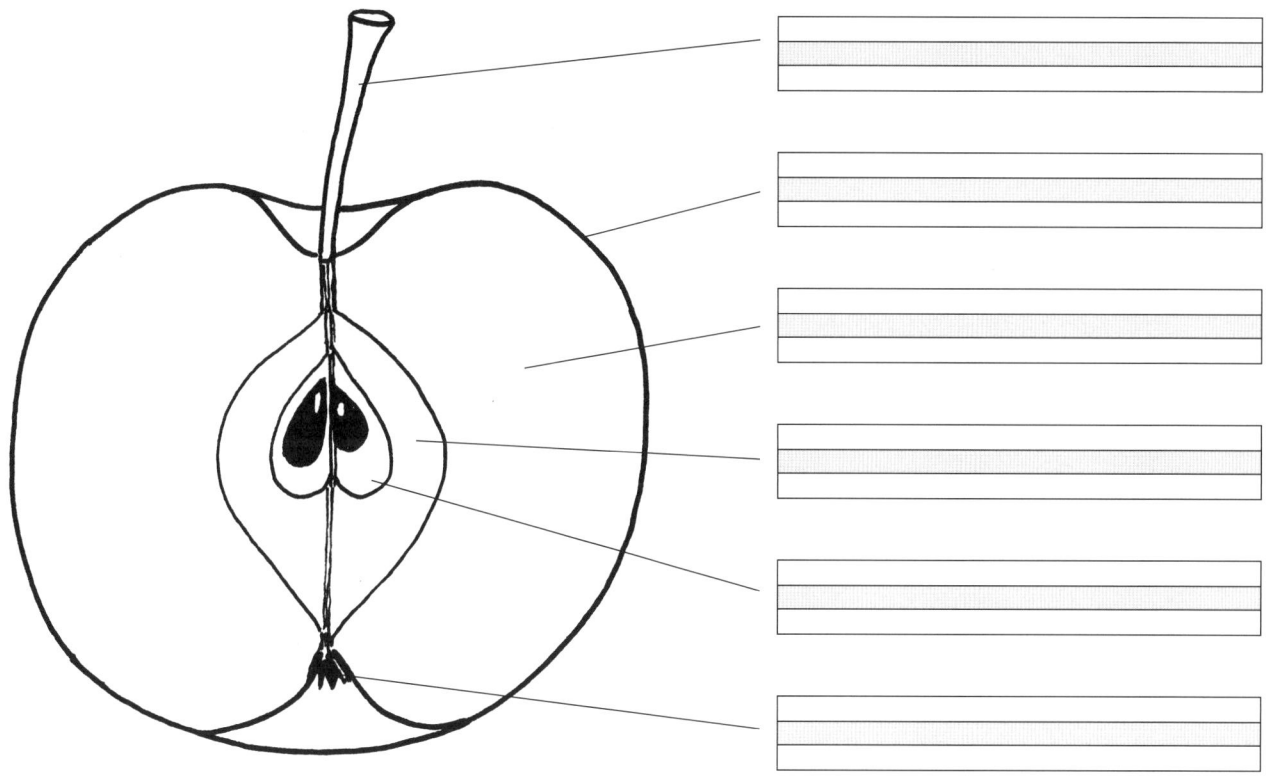

Schreibe die passenden Wörter dazu.

Fruchtfleisch   Stiel   Kerne
     Kerngehäuse   Schale   Blütenrest

Kennst du einige Apfelsorten? Erkundige dich auf dem Markt oder in einem Geschäft. Trage ein.

Name:

Igitt!

1 Hast du das auch schon einmal gerufen, nachdem du in einen Apfel
2 gebissen hast? Dann war sicher in dem Apfel etwas drin: ein kleiner
3 rosaroter Wurm.
4 Doch der „Wurm" ist eine Raupe, aus der einmal ein Schmetterling,
5 der Apfelwickler, wird. Aber wie ist die Raupe in den Apfel gekommen?
6 Der Apfelwickler ist ein kleiner, bräunlicher **Schmetterling**. Er legt
7 seine **Eier** an kleinen grünen Äpfeln ab.
8 Aus den Eiern schlüpfen **Raupen**, die sich in die Äpfel bohren. Sie
9 arbeiten sich bis zum Kerngehäuse vor und fressen sich dort satt.
10 Wenn der Apfel reif ist, bohrt die Raupe wieder ein Loch nach außen.
11 Dort seilt sie sich an einem langen Faden ab, den sie selbst spinnt.
12 Sie versteckt sich hinter der Rinde des Apfelbaums und bleibt den
13 Winter über dort.
14 Im Frühling wickelt sich die Raupe in selbst gesponnene Fäden.
15 Sie wird zur **Puppe**. Im Inneren der Puppe verwandelt sich die Raupe
16 zum **Schmetterling** und schlüpft.
17 Dann legt der Apfelwickler wieder seine Eier ab …

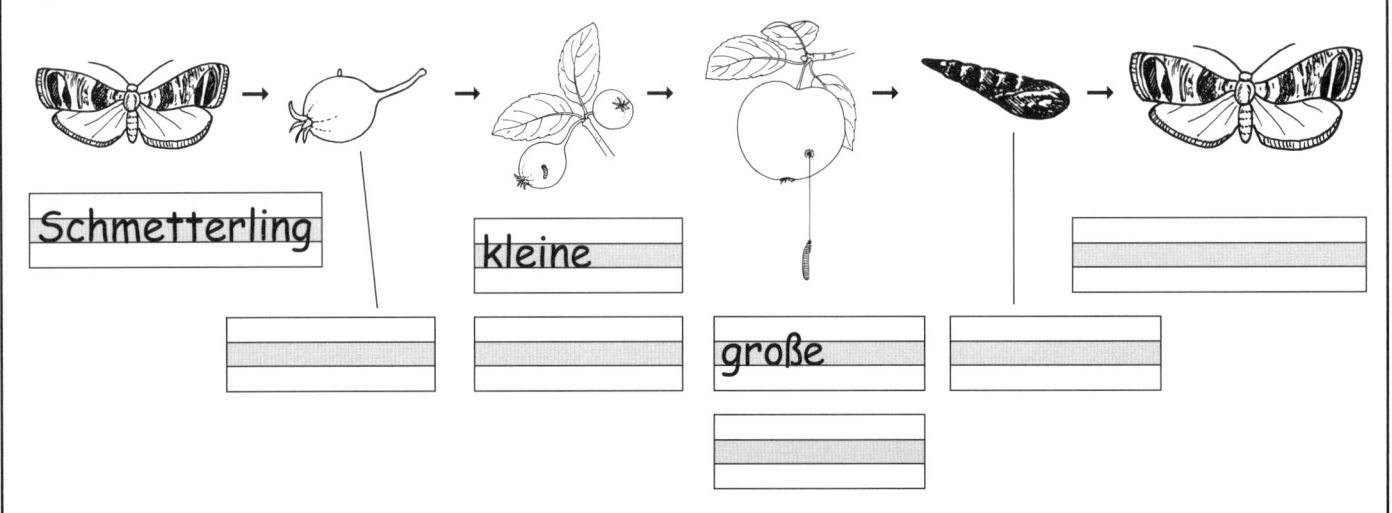

Lies den Text genau. Schreibe den passenden Namen zum Bild.

Schmetterling → kleine → große →

Schmetterling | kleine | | |
 | | große | |

Findest du einen Apfel mit einem „Wurm"? Wenn du nur noch das „Bohrloch" siehst, dann hat sich die Raupe schon abgeseilt.

Apfel mit Wurm

Du brauchst:
- rotes Wabenpapier
- grünen Tonkarton
- ca. 5 cm gelben Pfeifenputzer
- Schere
- Bleistift
- Klebstoff

So wird's gemacht:

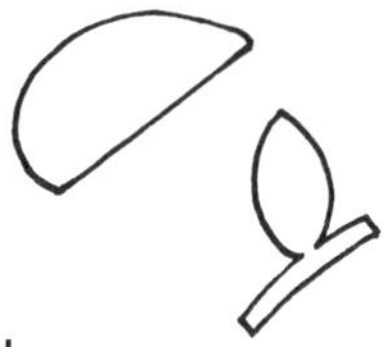

1. Schneide die unten abgebildeten Vorlagen aus.

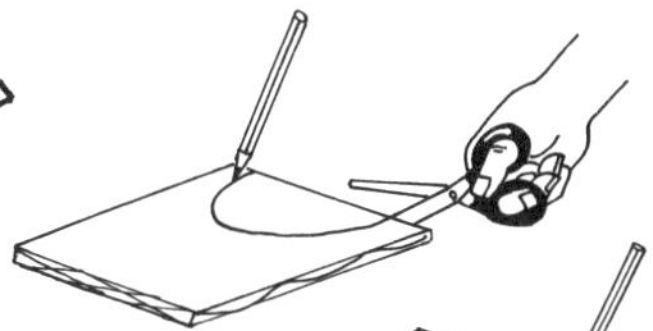

2. Lege den halben Apfel auf das Wabenpapier und fahre den Umriss mit Bleistift nach. Schneide die Form aus.

3. Lege den Stängel mit dem Blatt auf das grüne Tonpapier und fahre den Umriss mit Bleistift nach. Schneide die Form aus.

4. Bestreiche eine Seite des Wabenpapiers mit Klebstoff, öffne das Wabenpapier zu einer Kugel und klebe das zweite Ende auf das erste. Fertig ist der Apfel.

5. Bestreiche den Stängel mit Klebstoff, stecke ihn von oben in den Wabenpapier-Apfel und drücke ihn vorsichtig fest.

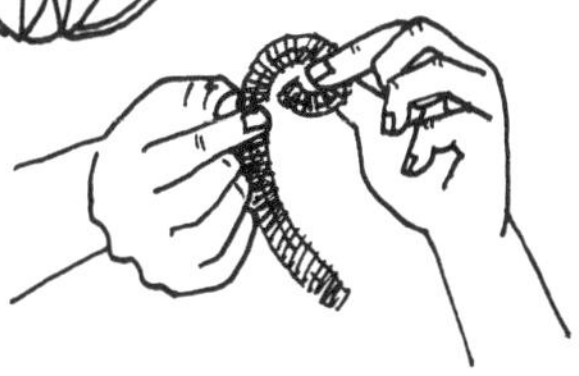

6. Biege ein Pfeifenputzer-Ende zu einer Art Gesicht und stecke den Wurm vorsichtig so in das Wabenpapier, dass er noch herausschaut.
Male Augen auf das Gesicht oder klebe Wackelaugen auf.

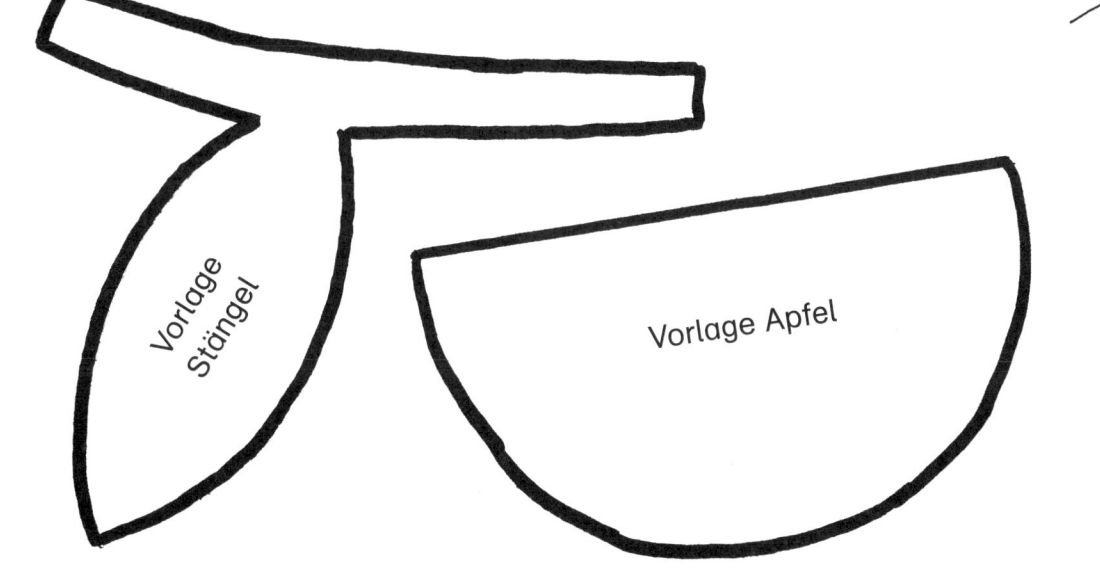

Vorlage Stängel

Vorlage Apfel

Rund um den Apfel

Aus Äpfeln und mit Äpfeln kannst du viele leckere Speisen machen. Schreibe auf.

-mus   Apfel-   -ringe

-kuchen   -kompott

-saft   -tee

-strudel   -gelee

Apfelmus

Finde heraus, was das für „besondere" Äpfel sind.

Bratapfel:

Erdapfel:

Pferdeapfel:

Apfel-Rezepte: Apfelschalen-Tee

Bringe die Sätze mit Zahlen in die richtige Reihenfolge.

◯ Gib die Apfelschalen in einen Topf.

◯ Lass den Tee fünf Minuten ziehen.

◯ Schäle den Apfel mit einem Kartoffelschäler.

◯ Lass die Apfelschalen ein paar Tage trocknen.

① Wasche einen Apfel gründlich.

◯ Übergieße die Apfelschalen mit heißem Wasser.

Probiere das Rezept aus.

Apfel-Rezepte: Getrocknete Apfelringe

Zimt Kerngehäuse Zucker Scheiben Zitronensaft Schnur Kartoffelschäler

Setze die folgenden Wörter ein.

Als Erstes werden die Äpfel mit dem _____ geschält.

Das _____ wird mit einem Apfelstecher entfernt.

Dann schneidet man den Apfel in dünne _____. Dabei entstehen

Apfelringe. Die Ringe werden mit _____ beträufelt

und mit _____ und _____ bestreut. Die Apfelringe werden

auf eine _____ aufgefädelt und zum Trocknen aufgehängt.

Nach etwa einer Woche sind die Apfelringe fertig.

Probiere das Rezept aus.

Im Apfelhaus

Text: volkstümlich
Melodie: nach W. A. Mozart

1. In meinem kleinen Apfel,
da sieht es lustig aus:
Es sind darin fünf Stübchen,
grad wie in einem Haus.

2. In jedem Stübchen wohnen
zwei Kernchen schwarz und klein,
die liegen drin und träumen
vom schönen Sonnenschein.

3. Sie träumen auch noch weiter
gar einen schönen Traum,
wie sie einst werden hängen
am grünen Weihnachtsbaum.

Name:

Grafische Gedichte

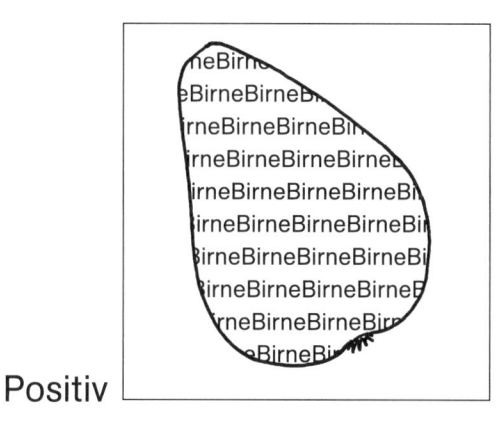

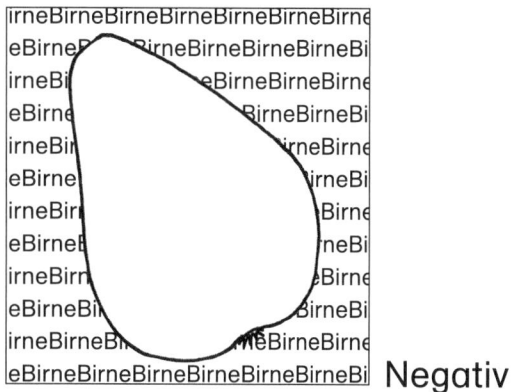

Positiv   Negativ

🌰 **Schreibe grafische Gedichte zu den Wörtern „Apfel" und „Blatt".**

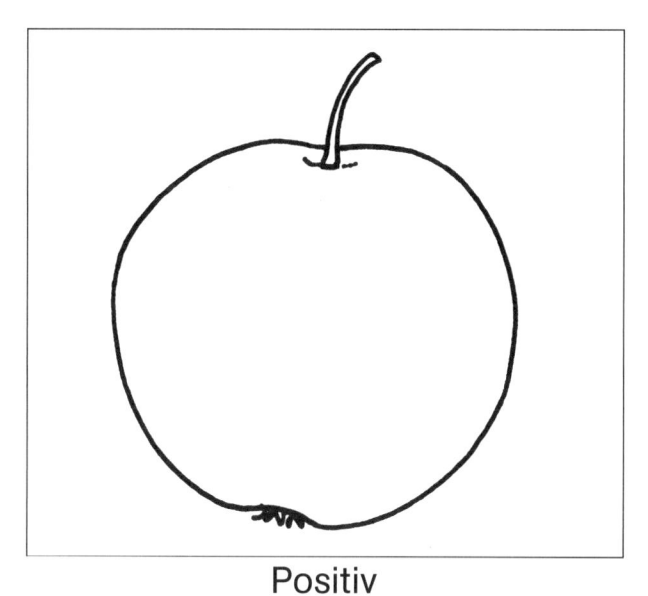

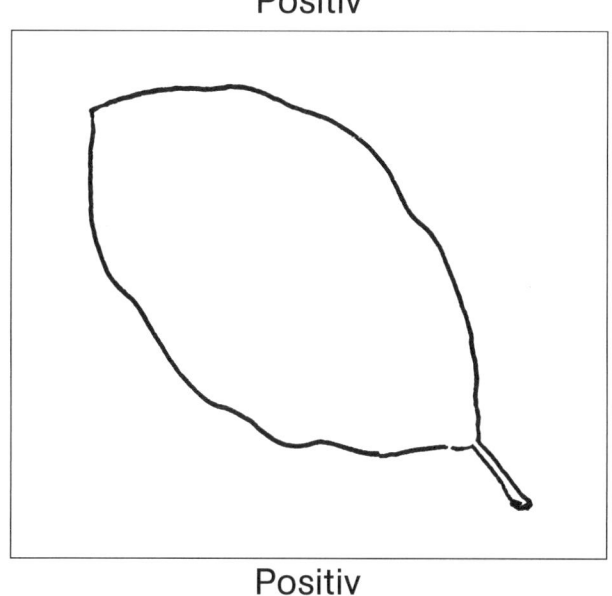

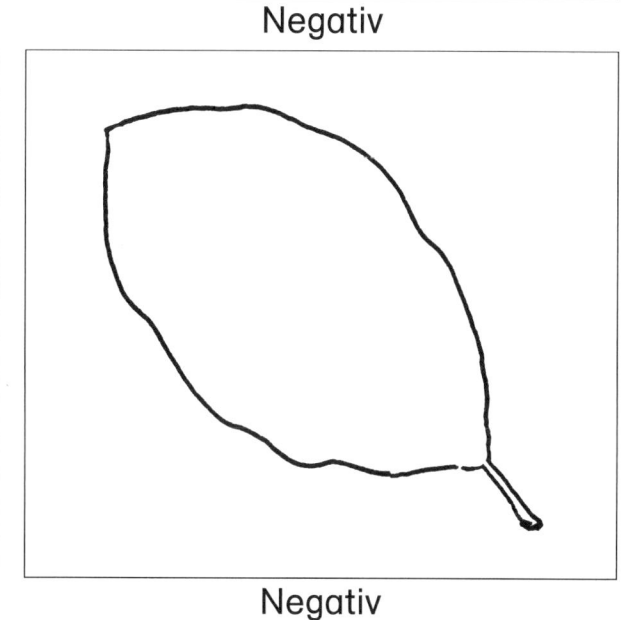

Positiv   Negativ

Positiv   Negativ

5. Kapitel: Gemüse

Vorbemerkung

Gemüse ist ein wichtiger Bestandteil unserer Ernährung, da es viele Vitamine und Ballaststoffe enthält. Wir essen es – je nach Sorte – roh als Salat oder gekocht. Gerade im Herbst können wir in unseren heimischen Gärten viele verschiedene Gemüsesorten ernten und daraus schmackhafte Gerichte zubereiten.

Bei einem Besuch in einem Gemüsegarten oder auf dem Markt lernen die Kinder ihnen unbekannte Gemüsesorten kennen.

Lehrplanbezug

Sachunterricht
- Heimisches Gemüse unterscheiden und benennen
- Gemüse nach essbaren Teilen sortieren: Wurzel, Blatt, Stängel, Frucht
- Gemeinsame Zubereitung von Gerichten

Kunst
- Eine Porträtdarstellung kennenlernen
- Ein Porträt als Collage gestalten

Zu den Kopiervorlagen

Gemüsesorten (KV Seite 123–125)

Die ersten beiden Kopiervorlagen bieten 17 verschiedene Gemüsesorten, die die Kinder kennenlernen sollten und die die Grundlage für die weiteren Arbeitsblätter bilden. In das leere Kärtchen können die Kinder eine weitere Gemüsesorte zeichnen. Die dritte Kopiervorlage (Seite 125) stellt auch unbekanntere Gemüsesorten vor, die je nach Interesse und Wissensstand der Klasse beliebig ergänzt werden können. Sie ist als Zusatzmaterial und zur Differenzierung geeignet. So können die Kinder ihr Wissen und auch ihren Wortschatz zum Thema Gemüse erweitern. Die Auflistung der Gemüsesorten stellt natürlich nur eine Auswahl dar.

Die Kinder bestimmen die Gemüsesorten, tragen ihre Namen ein und malen sie anschließend in der richtigen Farbe aus. Dazu empfiehlt sich ein Unterrichtsgang auf den Markt oder zu einem Gemüsegärtner, damit die Kinder das Gemüse mit eigenen Augen sehen können.

Die Kärtchen sind auf vielfältige Weise nutzbar:
- Mit je zwei Kärtchen von jeder Sorte können die Kinder Memory spielen.
- Die Schüler sortieren die Kärtchen nach essbaren Pflanzenteilen (siehe Seite 127 „Wir unterscheiden Gemüse").
- Die Kinder suchen Kärtchen mit Gemüse heraus, das im Herbst im Garten geerntet wird.
- Die Kinder sortieren die Gemüsesorten nach dem Alphabet.
- Die Schüler bringen von zu Hause verschiedene Gemüsesorten mit, möglichst jeweils mit der Wurzel. Das Gemüse wird auf einem Tisch ausgelegt, die Kärtchen werden zur Beschriftung des Gemüses verwendet.

Lösung Seite 123
Tomate, Kohlrabi, Kopfsalat, Lauch, Weißkohl, Gurke, Kartoffel, Möhre, Paprika

Lösung Seite 124
Blumenkohl, Radieschen, Rettich, Zwiebel, Bohnen, Erbsen, (Knollen-)Sellerie, Blattspinat

Lösung Seite 125
Artischocke, Aubergine, Brokkoli, Fenchel, Kürbis, Mais, Rosenkohl, Stangensellerie, Zucchini

Im Gemüsegarten

Seite 126 (KV)

Die Kinder schneiden die abgebildeten Gemüsesorten aus und kleben sie so, wie sie wachsen, auf die Linie, die die Erdoberfläche darstellt. Welche Teile der Pflanze befinden sich unter der Erde, welche über der Erde? Anschließend malen sie den Teil des Gemüses aus, den wir essen.

Einteilung von Gemüse

Gemüse wird nach den essbaren Pflanzenteilen in Gruppen eingeteilt. Man unterscheidet:

- Blattgemüse: Kopfsalat, Blattspinat – auch Weißkohl, Rosenkohl und alle anderen Blattsalatarten
- Fruchtgemüse: Bohnen, Erbsen, Gurken, Paprika, Tomate – auch Aubergine, Kürbis, Mais und Zucchini
- Knollen- und Wurzelgemüse: Kartoffel, Kohlrabi, (Knollen-) Sellerie, Möhre, Radieschen, Rettich
- Zwiebelgemüse: Lauch, Zwiebel.
- Stängel- und Sprossgemüse: Fenchel, Stangensellerie
- Blütengemüse: Blumenkohl, Brokkoli – auch die Artischocke

Wir unterscheiden Gemüse

Seite 127 (KV)

Auf dieser Kopiervorlage ordnen die Schüler die abgebildeten Gemüsesorten den vier Kategorien Fruchtgemüse, Knollen-/Wurzelgemüse, Blattgemüse und Zwiebelgemüse zu. Dafür bestimmen sie zunächst den Teil des Gemüses, der gegessen wird.

Falls gewünscht, können zusätzlich die Kategorien „Stängel- und Sprossgemüse" sowie „Blütengemüse" eingeführt werden. Zur Differenzierung können die Schüler weitere Gemüsesorten (siehe Seite 123–125 „Gemüsesorten") in diese Kategorien einordnen und ihre Einteilung begründen.

Wir testen Gemüse

Seite 128 (KV)

Gemüse, das roh gegessen werden kann, eignet sich zum gemeinsamen Testen im Unterricht. Zunächst sollte das Aussehen des Gemüses genauer betrachtet werden. Jedes Kind trägt in die Tabelle ein, ob es die genannten Gemüse schon einmal gegessen hat. Dabei erfahren Sie den Bekanntheitsgrad der einzelnen Gemüsesorten.

Beim Probieren können die Kinder auf folgende Punkte achten:
- Wie riecht das Gemüse?
- Wie hört es sich an, wenn du in das Gemüse beißt?
- Wie fühlt sich das Gemüsestück im Mund an?
- Wie schmeckt das Gemüse?

Schließlich tragen die Schüler auf der Kopiervorlage ein, ob ihnen das Gemüse schmeckt. Sie können auch Gründe dafür nennen. Es ist auch erlaubt, dass Kinder einzelne Sorten nicht mögen! Schließlich malen die Kinder ihr Lieblingsgemüse und schreiben dazu.

Alternativ ist es auch möglich, dass die Kinder verschiedene Gemüsesorten mit verbundenen Augen essen. Im Sinne der Wahrnehmungsschulung sollen die Kinder nur über die Konsistenz und den Geschmack herausfinden, welches Gemüse sie essen.

Tipp: Befragen Sie vor dem Probieren die Eltern, ob eventuell eine Unverträglichkeit oder Allergie der Kinder gegen einzelne Gemüsesorten besteht!

Der Obst- und Gemüsemaler

Seite 129 (KV)

Der italienische Maler Giuseppe Arcimboldo (ca. 1527–1593) hat auf zahlreichen Bildern Gesichter mit Obst und/oder Gemüse gestaltet. Der Text dient als kurze Einführung in das Leben Arcimboldos. Im Anschluss daran kann eines der drei genannten Bilder (Der Herbst, Vertumnus, Der Gärtner) näher betrachtet werden. Sicher finden Sie ein Arcimboldo-Bild in einem Schulbuch oder über eine Suchmaschine im Internet.

Auf der unteren Hälfte der Kopiervorlage schreiben die Kinder die Obst- und/oder Gemüsesorten auf, die sie auf dem ausgewählten Bild erkennen.

Ausgehend von dieser Bildbetrachtung können die Kinder in Lexika und im Internet weitere Informationen über Arcimboldo und seine Bilder sammeln und im Klassenzimmer ausstellen.

Dein Obst- und Gemüsegesicht

Seite 130 (KV)

Das Gesicht auf dieser Kopiervorlage kann nach dem Vorbild Arcimboldos von den Kindern mit Obst und Gemüse gestaltet werden. Sie schneiden aus Prospekten von Supermärkten und Gartencentern Abbildungen von Obst und Gemüse aus, gestalten daraus ein Gesicht und kleben es auf. Sie können auch einzelne Gemüsesorten selbst einzeichnen und passend ausmalen.

Tomatenketchup selbst gemacht

KV Seite 131

Da Kinder Tomatenketchup meist sehr gerne mögen, wird dieses Rezept sicherlich auf Begeisterung stoßen. Anhand der Bilder wird die Kochanleitung besprochen und anschließend als Vorgangsbeschreibung in der Ich-Form aufgeschrieben. Die Satzanfänge sollten abwechslungsreich gestaltet werden: z. B. zuerst, dann, nun, danach, jetzt, anschließend, zum Schluss. Alternativ können Sie die Sätze auch auf Folie vorgeben und die Kinder ordnen sie den passenden Bildern zu. Schließlich sollte das Rezept gemeinsam nachgekocht werden.

Mögliche Lösung

1. Zuerst wasche ich die Tomaten, halbiere sie und entferne die Stiele.
2. Nun schäle ich die Zwiebeln und schneide sie in kleine Stückchen.
3. Jetzt erhitze ich das Öl im Topf, dünste die Zwiebeln, Nelken und Lorbeerblätter an und gebe die Tomaten, den Essig und das Salz dazu.
4. Dann koche ich das Ketchup auf mittlerer Hitze unter Rühren ein, bis eine zähe Masse entsteht.
5. Anschließend hole ich die Lorbeerblätter und Nelken heraus und püriere alles mit dem Pürierstab.
6. Zum Schluss schmecke ich das Ketchup nochmals mit Essig, Salz und viel Zucker ab.

Die Kartoffel

KV Seite 132/133

Der Text auf Seite 132 kann als Vorlesetext bzw. als Lesetext für geübtere Leser eingesetzt werden. Schwierige Wörter sollten in einem Unterrichtsgespräch gemeinsam geklärt werden. Die Kopiervorlage auf Seite 133 dient der Verständniskontrolle, indem die Kinder die Sätze mit Zahlen in die Reihenfolge bringen, wie sie im (Vor-)Lesetext vorkommen.

Die Textstreifen können zusätzlich – wie beschrieben – für ein Streichholzschachteldiktat verwendet werden.

Außerdem kann auf den Spruch „Was der Bauer nicht kennt, frisst er nicht." eingegangen werden. Dieser Spruch entstand angeblich, als sich die Bauern dem Befehl König Friedrich des Großen widersetzten, Kartoffeln anzubauen.

Die Kartoffelpflanze

KV Seite 134

Die Pflanze der Kartoffel, die Kindern meist unbekannt ist, wird auf dieser Kopiervorlage näher untersucht. Es wäre schön, wenn eine Kartoffelpflanze mit der Mutterknolle in einem Feld (mit Erlaubnis!) oder im Schulgarten ausgegraben werden könnte. Anhand dieser Pflanze, die vorsichtig in einen durchsichtigen Plastikbehälter gesetzt wird, können die einzelnen Teile gezeigt und besprochen werden.

Die Kinder tragen die Begriffe anschließend an den passenden Stellen auf der Kopiervorlage ein.

Lösung

links: Blüten, Blätter, Stängel, Knollen
rechts: Beeren, Mutterknolle, Wurzel

Kartoffelgerichte

KV Seite 135

Mithilfe der vorgegebenen Wörter bilden die Kinder zusammengesetzte Namenwörter mit „Kartoffel" und schreiben sie auf.

Zwei Kartoffelgerichte enthalten in ihrem Namen nicht das Wort „Kartoffel".

Schließlich kreisen die Kinder Kartoffelgerichte ein, die sie kennen und schon einmal gegessen haben.

Lösung

Kroketten, Pommes frites

Kartoffelsalat

KV Seite 136

Die Anleitung zur Zubereitung von Kartoffelsalat ist in Stichpunkten vorgegeben und soll von den Schülern in kurze Sätze umformuliert und aufgeschrieben werden.

Kartoffelsalat kann gut gemeinsam im Klassenzimmer hergestellt werden. Die Kartoffeln sollten bereits am Tag zuvor gekocht werden. Falls dies in der Schule nicht möglich sein sollte, können die Schüler gekochte Kartoffeln von zu Hause mitbringen.

Name:

Gemüsesorten (1)

🌰 **Wie heißt das Gemüse? Schreibe den Namen dazu.**

🌰 **Male das Gemüse in der richtigen Farbe aus.**

Name:

Gemüsesorten (2)

🌰 **Wie heißt das Gemüse? Schreibe den Namen dazu.**

🌰 **Male das Gemüse in der richtigen Farbe aus.**

Gemüsesorten (3)

🌰 **Wie heißt das Gemüse? Schreibe den Namen dazu.**

🌰 **Male das Gemüse in der richtigen Farbe aus.**

Im Gemüsegarten

🌰 **Wie wächst dieses Gemüse? Schneide die Bilder aus und klebe sie richtig auf.**

Über der Erde

Unter der Erde

🌰 **Male den Teil des Gemüses an, den wir essen. Schreibe den Namen des Gemüses dazu.**

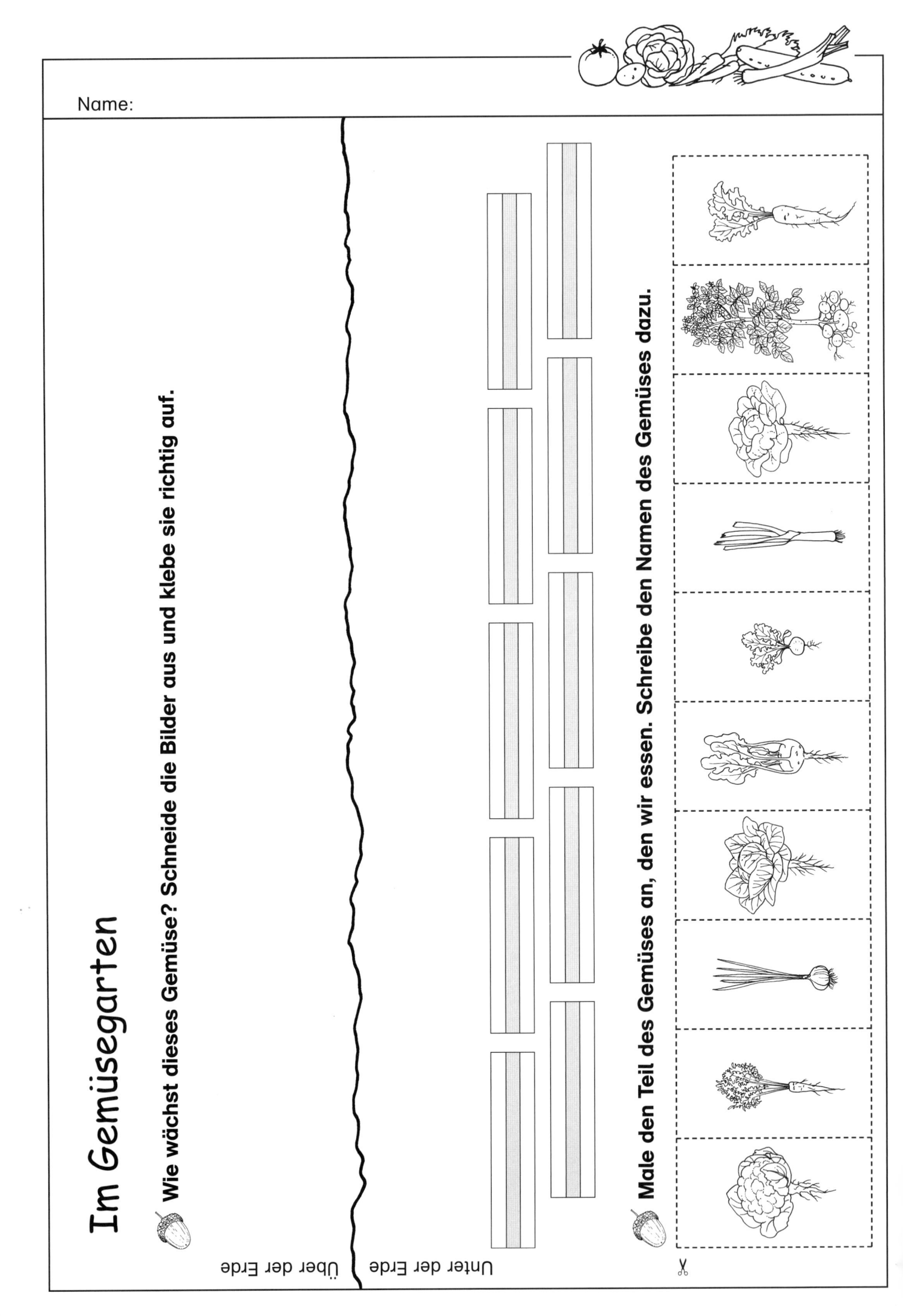

Name:

Wir unterscheiden Gemüse

Wir ordnen Gemüse nach dem Gemüseteil, den wir essen.

Überlege, welchen Teil des Gemüses wir essen. Trage dann die Namen der unten abgebildeten Gemüsesorten an der passenden Stelle ein.

Fruchtgemüse

Knollen-/Wurzelgemüse

Blattgemüse

Zwiebelgemüse

Kartoffel — Radieschen — Kopfsalat — Spinat — Paprika — Zwiebel — Sellerie — Gurke — Tomate — Möhre — Rettich — Erbsen — Bohnen — Lauch

Name:

Wir testen Gemüse

Dieses Gemüse kannst du roh essen. Hast du es schon einmal probiert? Hat es dir geschmeckt?

Ergänze die Tabelle.

	Habe ich schon probiert		Schmeckt mir	
	ja	nein	ja	nein
Tomate				
Möhre				
Radieschen				
Paprika				
Kohlrabi				
Gurke				
Rettich				

Welches Gemüse isst du am liebsten? Roh oder gekocht? Schreibe auf oder male.

Name:

Der Obst- und Gemüsemaler

Lies den Text. Unterstreiche, was dich interessiert und du dir merken möchtest.

Obst und Gemüse kann man nicht nur essen. Vor fast 500 Jahren lebte in Italien ein Maler, der eine ganz besondere Idee hatte.
Giuseppe Arcimboldo (sprich: dschuseppe artschimboldo) lebte mit seiner Familie in der großen Stadt Mailand. Zuerst bemalte er gemeinsam mit seinem Vater die Fenster und Wände von Kirchen. Später ging er nach Wien (Österreich) und nach Prag (Tschechien) an den Hof des Kaisers und wurde Hofmaler. Dort kam er eines Tages auf die Idee, Gesichter aus Obst und Gemüse zu gestalten.
Für seine letzten Lebensjahre kehrte er nach Italien zurück, wo er auch starb.

Schau dir eines dieser Bilder von Giuseppe Arcimboldo einmal genauer an:

❏ Der Herbst ❏ Vertumnus ❏ Der Gärtner

Welches Obst oder Gemüse kannst du auf dem Bild erkennen? Schreibe auf und male.

Dein Obst- und Gemüsegesicht

Schneide aus Prospekten und Zeitschriften verschiedenes Obst und Gemüse aus. Gestalte daraus ein Gesicht.

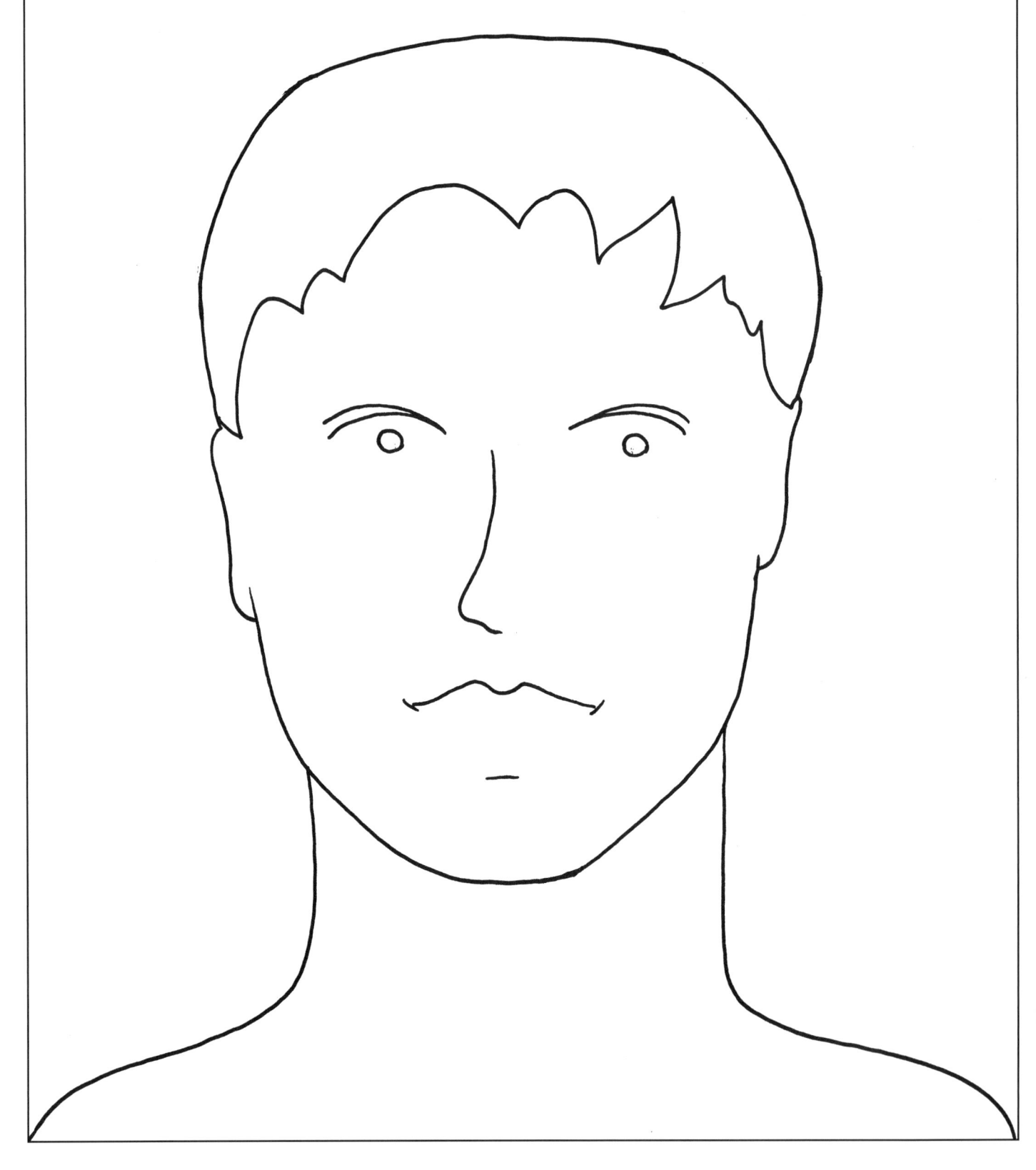

Tomatenketchup selbst gemacht

Zutaten:
- 1 kg reife Tomaten
- 2–3 Zwiebeln
- 3 Esslöffel Olivenöl
- 3 Gewürznelken
- 2 Lorbeerblätter
- 3–6 Esslöffel Essig
- 1 Teelöffel Salz
- 3 Esslöffel Zucker oder Honig
- Holzbrett
- Messer
- Sieb
- Kochtopf
- Kochlöffel
- Pürierstab

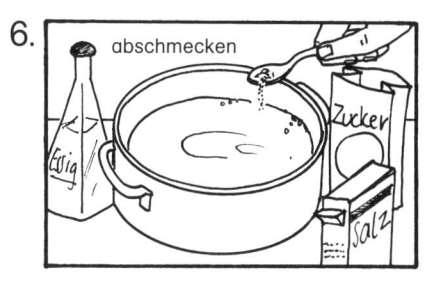

1. waschen – schneiden
2. schälen – schneiden
3. Öl erhitzen
4. mittlere Hitze – einkochen
5. pürieren
6. abschmecken

Schreibe die Kochanleitung auf.

1. Zuerst wasche ich die Tomaten
2.
3.
4.
5.
6.

Tipp: Fülle das kochend heiße Ketchup in Gläser und verschließe sie sofort. Im Kühlschrank ist das Ketchup einige Wochen haltbar.

Die Kartoffel (1)

1 Die Kartoffel stammt aus Südamerika. Vor etwa 450 Jahren wurde sie von
2 Seefahrern nach Europa gebracht. Von Spanien kam sie über Frankreich
3 und Italien nach Deutschland. Sie wurde zuerst nur wegen ihrer schönen
4 Blüten in Gärten angepflanzt. Da die Leute nicht wussten, dass die
5 grünen Beeren giftig sind, aßen sie diese und bekamen schreckliche
6 Bauchschmerzen.
7 Etwa 200 Jahre später erkannte König Friedrich von Preußen den Nutzen
8 der Kartoffel. Er hatte gehört, dass von den Knollen
9 der Kartoffel viele Menschen satt werden können.
10 Außerdem ist eine gute Kartoffelernte auch auf
11 schlechten Böden und bei schlechtem Wetter
12 möglich. Da es in seinem Land immer wieder
13 Hungersnöte gab, wollte er die Kartoffel als Grund-
14 nahrungsmittel einführen. So ließ König Friedrich
15 im ganzen Land Kartoffeln verteilen, die die Bauern
16 anbauen sollten. Er erklärte ihnen auch, dass sie
17 die Knollen essen sollten. Aber die Bauern weigerten sich. Da ließ
18 der König seine Kartoffelfelder zum Schein von Soldaten bewachen.
19 Die neugierigen Bauern wollten wissen, was auf den Feldern so wertvoll
20 war, dass es bewacht werden musste. Sie gruben heimlich einige Kartoffel-
21 pflanzen aus und pflanzten sie auf ihren Feldern. Auf diese Weise hat
22 der König doch erreicht, dass die Bauern Kartoffeln anbauten.
23 Die Kartoffel ist ein wichtiges Nahrungsmittel: Sie besteht zwar fast nur aus
24 Wasser, enthält aber viel Stärke, die wir zum Sattwerden brauchen. Es gibt
25 weit über 100 verschiedene Kartoffelsorten. Man unterscheidet zwischen
26 festkochenden, vorwiegend festkochenden und mehligkochenden Sorten.
27 Welche Sorte zum Kochen verwendet wird, richtet sich nach der Art des
28 Kartoffelgerichts, das man herstellen möchte.

Name:

Die Kartoffel (2)

Bringe die Sätze mit Zahlen in die Reihenfolge, wie sie im Lesetext vorkommen.

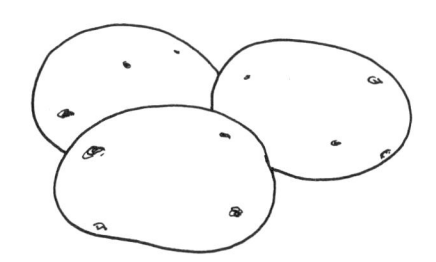

◯	König Friedrich | führte die Kartoffel | in seinem Land ein.
◯	Es gibt | weit über 100 | verschiedene Kartoffelsorten.
◯	Die grünen Beeren | der Kartoffelpflanze | sind giftig.
◯	Die Kartoffel | wurde zuerst | wegen ihrer Blüten | angepflanzt.
1	Die Kartoffel | stammt | aus Südamerika.
◯	Die Kartoffel | enthält | viel Stärke.
◯	Die Kartoffel | ist ein | wichtiges Nahrungsmittel.
◯	Die Menschen | mussten lernen, | dass man | die Knollen isst.

Schneide die Textstreifen aus und verwende sie als Streichholzschachteldiktat:

- Falte die Textstreifen an den Linien.
- Lege die Textstreifen in eine leere Streichholzschachtel.
- Ziehe einen Streifen bis zur ersten Linie heraus, lies den Satzabschnitt und schreibe ihn auf. Schreibe so Stück für Stück des Satzes ab.
- Nimm nun den nächsten Textstreifen.

In diesen Streifen kannst du einen eigenen Satz schreiben:

Name:

Die Kartoffelpflanze

Im Frühjahr wird die keimende Saatkartoffel in die Erde gesetzt. Aus dieser Mutterknolle sprießt ein Stängel, der sich über der Erde verzweigt. Es entsteht eine Staude mit vielen Blättern. Die Blüten der Kartoffel sind weiß oder violett. Aus den Blüten entstehen grüne Beeren, die giftig sind.
Unter der Erde wachsen aus der Mutterknolle Wurzeln, mit denen die Pflanze aus dem Boden Nährstoffe aufnimmt. Einige Triebe verdicken sich zu Knollen. Das sind die neuen Kartoffeln.

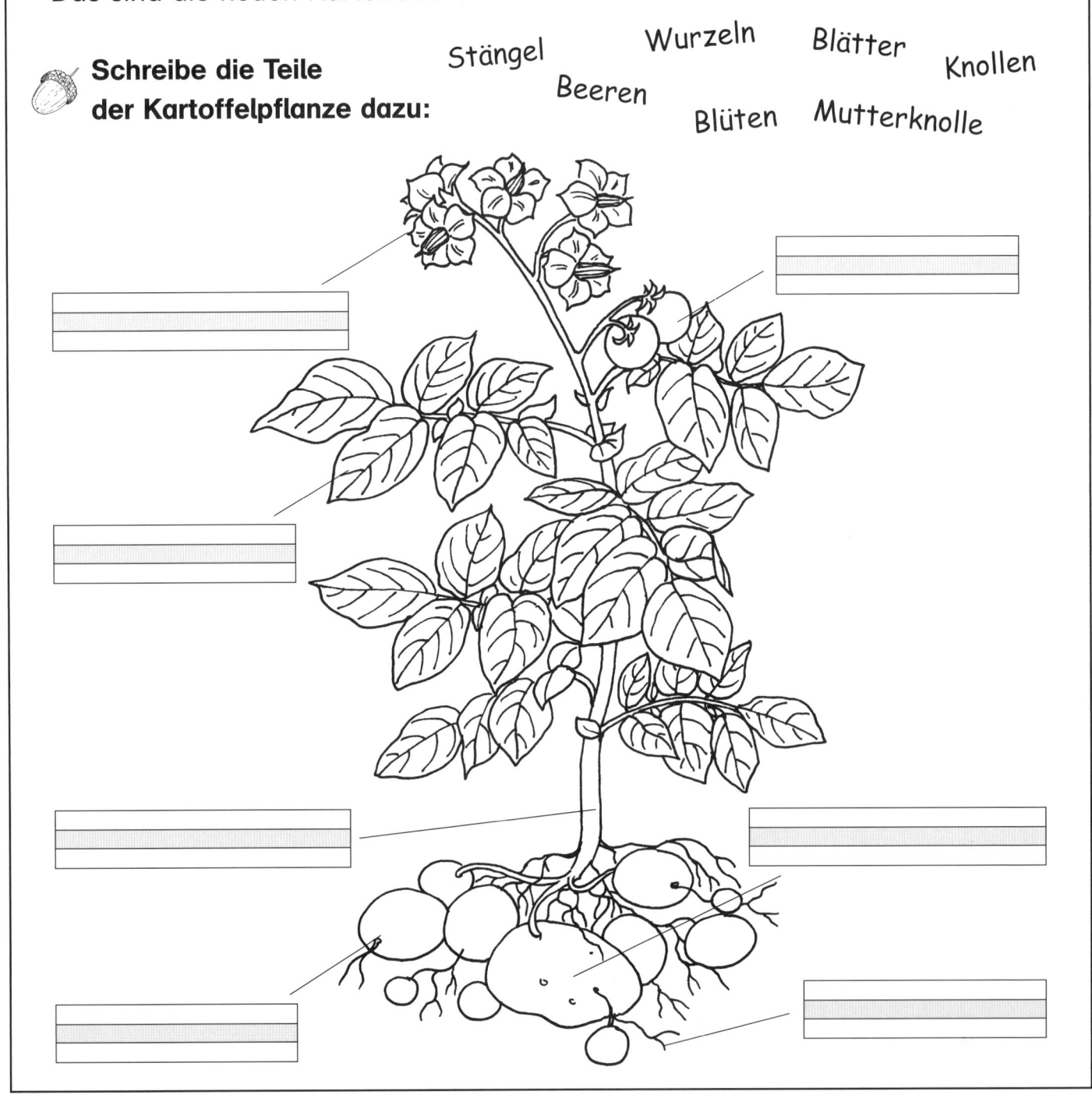

Schreibe die Teile der Kartoffelpflanze dazu:

Stängel Wurzeln Blätter Knollen
Beeren Blüten Mutterknolle

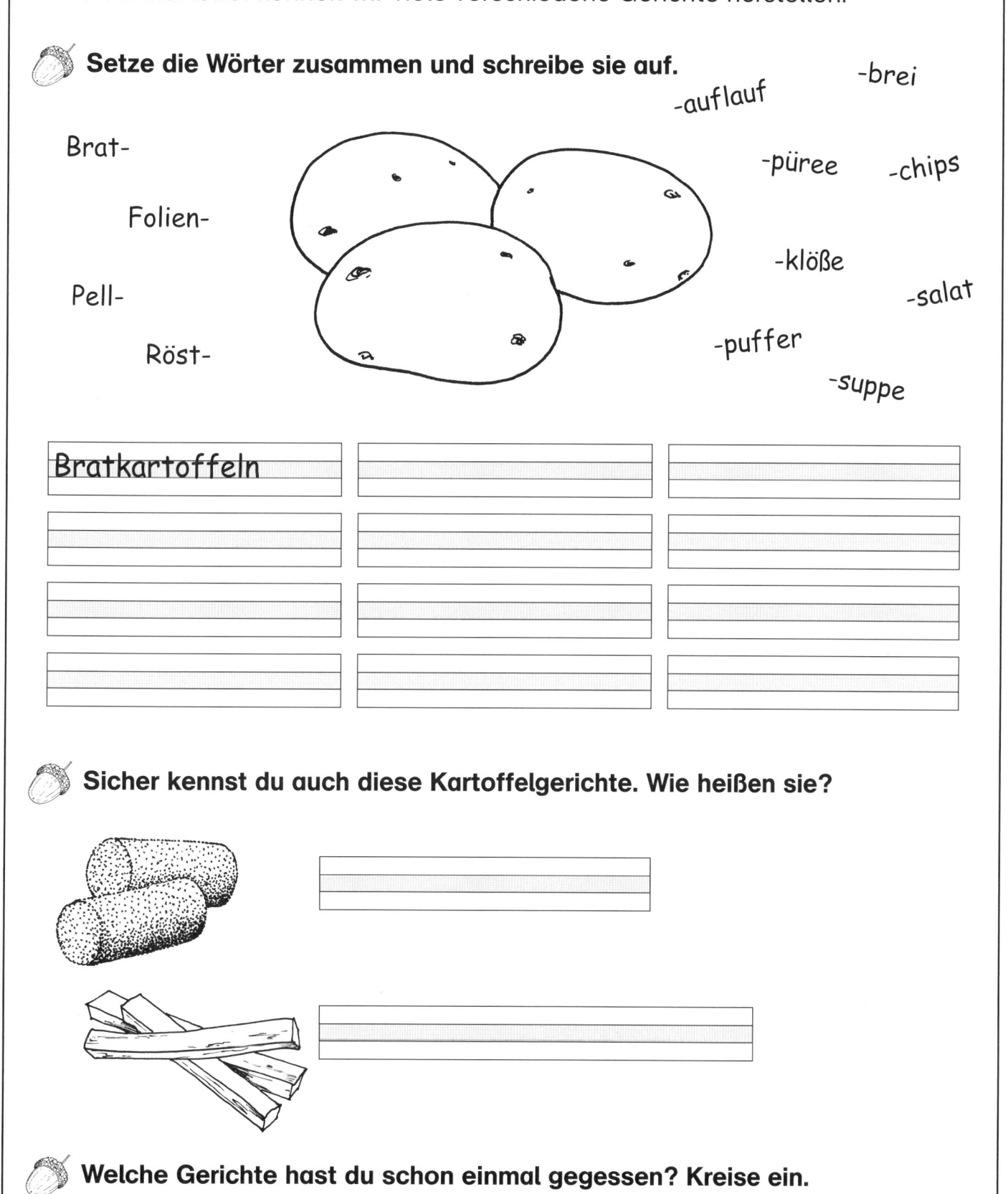

Name:

Kartoffelgerichte

Aus der Kartoffel können wir viele verschiedene Gerichte herstellen.

Setze die Wörter zusammen und schreibe sie auf.

Brat- Folien- Pell- Röst-

-auflauf -brei -püree -chips -klöße -salat -puffer -suppe

Bratkartoffeln

Sicher kennst du auch diese Kartoffelgerichte. Wie heißen sie?

Welche Gerichte hast du schon einmal gegessen? Kreise ein.

Kartoffelsalat

Zutaten:

- 1 kg festkochende Kartoffeln
- 1 kleine Zwiebel
- ¼ Liter Gemüse- oder Fleischbrühe
- 3 Esslöffel Essig
- 4 Esslöffel Öl
- 1 Teelöffel Salz
- etwas Pfeffer
- 1 Bund Petersilie

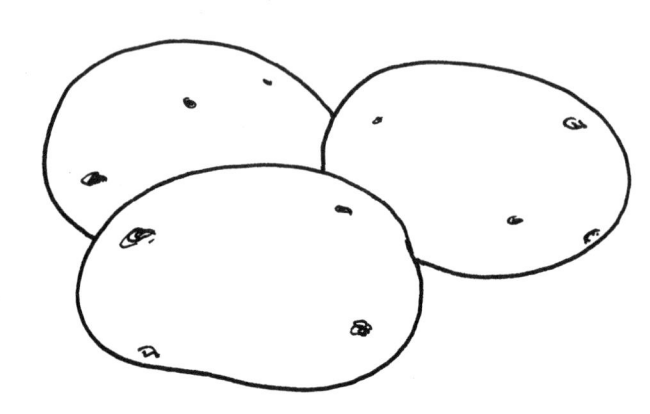

Zubereitung:

- Kartoffeln etwa 20 Minuten zugedeckt kochen
- Kartoffeln schälen und in dünne Scheiben schneiden
- Kartoffeln in eine Schüssel geben und abkühlen lassen
- Zwiebel klein schneiden und zu den Kartoffeln geben
- Soße herstellen: In die heiße Brühe Essig, Öl, Salz, Pfeffer und klein geschnittene Petersilie geben
- Soße über die Kartoffeln gießen, alles vorsichtig umrühren
- Kartoffelsalat zugedeckt eine Stunde ziehen lassen

Schreibe auf, wie der Kartoffelsalat zubereitet wird.

Zuerst

Dann

Nun

Danach

Anschließend

Jetzt

Zum Schluss